몸 테크닉

마르셀 모스 선집 **1**

몸 테크닉

발행일 2023년 4월 3일 초판 1쇄
2024년 8월 1일 2판 2쇄

지은이 마르셀 모스
옮긴이 박정호
펴낸이 김일수
펴낸곳 파이돈
출판등록 제406-2018-000042호
주소 03958 서울시 마포구 망원동 419-3 참존1차 501호
전자우편 phaidonbook@gmail.com
전화 070-8983-7652
팩스 0504-053-5433

ISBN 979-11-985619-2-3 (94300)
979-11-981092-3-1 (세트)

Les techniques du corps
Marcel Mauss

마르셀 모스 선집 ❶

몸 테크닉

마르셀 모스 지음
박정호 옮김

파이돈

일러두기

1. 본문에서 굵은 글자는 원서에서 이탤릭체로 저자가 강조한 것이다.

2. 본문에서 대괄호([ ])는 옮긴이가 본문의 이해를 돕기 위해 첨가한 것이다.

마르셀 모스 선집을 펴내며

　　프랑스 사회학의 창시자 에밀 뒤르켐의 조카이자 후계자, 프랑스 민족학의 아버지, 종교사학과 민족지학의 위대한 스승, 인류학의 필독서로 꼽히는 『증여론』의 저자 등등, 마르셀 모스라는 이름에는 여러 수식어가 뒤따른다. 잘 알려졌듯이 모스의 사회학과 인류학은 지난 20세기 후반기를 수놓은 여러 걸출한 사상의 비밀스러운 본거지로서 끊임없이 혁신적 발상을 불러일으켰다. 클로드 레비스트로스, 루이 뒤몽, 조르주 뒤메질, 미셸 레리스, 조르주 바타이유, 로저 카이유와를 비롯해 피에르 부르디외와 장 보드리야르에 이르기까지, 각자 자기 방식으로 모스의 가르침을 숙고했기에 오늘날 내로라하는 사유의 대가로 인정받게 된 인물들은 어렵지 않게 열거할 수 있다.

　　그러나 오늘날 모스는 후계자들의 탁월함에 가려져 오직 그들에 의해 인용되었을 때만 주목받는 학자 정도로 남아 있다. 모스가 남긴 사유의 성과는 낡고 빛바랜 고전 목록에서 당장 필요치 않은 저작으로 과소평가되고 있다. 흔히 모스의 분석은 흥미롭지만, 오늘날의 학문적 기준으로 볼 때 실효성을 상실한 것으로 여겨지며, 모스의 사상이 사회학과 인류학의 발전에 끼친 중대한 영향은 다분히 형식적인 몇 마디 언급만으로 기술될 뿐이다. 한편 모스의 학문적 업적과 정치적 참여 사이의 긴밀한 연관을 간과하는 바람에 그의 사상에서 중요한 몫을 차지하는 정치철학적 사유는 부당하리만큼 소홀히 다루어지고 있다. 또한 모스의 저작을 낯선 민족지들의 게토로 점철된 불모지로 취급함으로써 '지금 여기'의 사회를 이해하기 위한 수단으로서 모스의 가능성은 이미 소진됐다고 간주하기도 한다.

오늘날 모스 연구의 최고 권위자 중 한 사람인 까미유 타로가 말했듯이 모스는 유명한 무명인, 즉 그 명성에도 불구하고 아니 오히려 그 명성 때문에 무명이 된 인물이다. 모스가 제대로 인식되지 않는 사정은 우리도 마찬가지다. 마르셀 푸르니에가 집필한 모스의 방대한 평전(『프랑스 인류학의 아버지, 마르셀 모스』)이 번역되어 그가 어떤 사람이었고 무슨 활동을 했는지 어느 정도 알 수 있게 되었지만, 모스가 남긴 지적 유산에 관한 체계적이고 다층적인 탐구는 여전히 이루어지지 않고 있다. 모스의 사상이 재평가되고 높은 관심의 대상으로 부상했을 때도 그것은 『증여론』처럼 널리 회자되는 걸작을 두고 촉발된 반응이었을 뿐, 그의 전체적인 학문적 성과와 뛰어난 독창성의 근거, 풍요로운 사유의 원천에 관해서는 알려진 바가 거의 없다.

모스 선집은 이러한 역설을 해소하려고 한다. 우리는 모스의 사유로 사회적 삶의 역사적 전개를 서사하고 현실의 문제에 대한 인식과 관심을 구체화하고 좋은 미래를 상상하는 방법을 모색하고자 한다. 모스는 새로운 착상과 방법을 지녔던 독창적인 사회학자이자 민족학자로서, 그의 저작은 우리가 살아가는 역동적 현실에 관한 많은 성찰과 논의를 불러일으킬 영감과 소재로 가득 차 있다. 이번에 기획된 모스 선집은 그의 지적 성과와 궤적에 관한 총체적 전망을 제시함으로써 모스의 사상을 더욱 심층적으로 이해할 수 있는 토대를 마련하고자 한다.

우리는 모스 선집 기획의 의도를 다음의 세 가지 방향에서 정리할 수 있다.

첫째, 사회와 인간을 '총체성'의 견지에서 탐색하려는 모스 특유의 사회학 방법론을 제시한다. 모스의 저작에는 경제적·통계적으로 유의미한 행동 모형을 통해 일시적으로 나타났다가 금세 휘발되고 마는 사회와 인간이 아니라, 특정한 시공간과 촘촘한 역사적 맥락 속에서 의미를 얻고 살아 숨 쉬는 구체적 사회와 인간이 존재한다. 모스에게 총체성은 실현 불가능한 형이상학적 이념이 아니라, 구체적인 것이 완전한 것이라는 연구이념이자 집단과 개인 어느 쪽으로 기울지 않고 둘을 복잡한 다차원성에서 고려하게 해주는 방법론적 원리였다. 사회의 총체성과 인간의 총체성에 대한 모스의 균형 잡힌 고찰은 구체적 시공간에서 반복되어온 과거의 행위들(희생, 주술, 증여 등)이 어떻게 줄기처럼 연결되고 확장되어 지금의 행위로 이어졌는가에 대한 이해를 촉구하는바, 이는 사회의 본질, 인간들 사이의 감정적 인식, 인간 행위의 근원적 동기들을 횡적으로 확대하고 종적으로 파고들어 이해하려는 시도로서 매우 중요한 의의를 지닌다.

둘째, 모스의 사상은 그가 겪었던 드레퓌스 사건, 러시아 혁명, 1차 세계대전이 낳은 거대한 파급 효과에 대한 사회학적 성찰을 빠뜨리고 접근할 수 없다. 모스는 협동조합 운동에 열정적인 사회주의자였으며 전체주의의 대두와 그 폭력성을 냉혹하게 비판했던 정치평론가였다. 이러한 정치적 이력은 모스의 사회학을 특정 정치 이데올로기로 일탈시키기는커녕, 반대로 「볼셰비즘에 대한 사회학적 평가」, 「폭력에 대한 성찰」, 「파시즘과 볼셰비즘」 등 정치사회학적으로 의미 있는 비판적 고찰을 길러 왔다. 모스는 당시 유럽을 파국으로 몰고 간 집단적 폭력의 원천을 탐지했고 온갖 정치적 이상의 난망을 예견했으며, 그것을 막기 위한 인간 사회의 역동적 호혜성이 국제적 수준에서 실현되길 꿈꿨다. 선집은 모스의 이러한 정치적 사유를 드러냄으로써 우리 공통의 미래를 어떻게 창조할 것인지 깊이 고민할 수 있는 계기를 마련하고자 한다.

셋째, 모스 선집을 기획하는 것은 우리 시대가 겪는 여러 위기를 탐문하고 대안을 모색하는 실천적 시도와 맞물려 있다. 모스의 사상은 죽은 활자와 범주로 이루어진 고전이 아니라 현대 사회학과 인류학의 패러다임을 전환시킬 수 있는 지적 에너지의 보고이다. 인간을 호모 에코노미쿠스로 정의한 근대 경제학의 태동 이래 경쟁, 축적, 투자, 이익 등 시장사회의 가치는 사회과학의 주류 개념으로 재포장되었다. 또한 자연을 약탈하면서 생태학적 위기를 초래한 성장중심주의는 제 책임을 소거한 채, 성장과 분배의 선순환을 내세우며 사회의 상식으로 군림하게 되었다. 우리는 경제적 논리로 세계를 난폭하게 횡단하고 재편하는 공리주의와 성장지상주의에 맞설 수 있는 사상적 · 실천적 대안을 모스의 저작, 특히 『증여론』에서 발견할 수 있다. 선물의 호혜성과 공생공락의 가치, 나눔의 윤리, 자연에 대한 존중의 세계관 등 모스의 사상과 궤를 같이하는 사회적 · 생태적 가치들을 발굴하는 일, 그리고 인간과 비인간의 확고한 경계 대신 둘 사이의 깊은 상호연관을 찾아내 궁극적으로 자연이 준 생명의 선물에 답례하기 위한 생태학적 부채를 상상하고 실체화하는 일이 필요하다. 모스의 저작은 우리 사회의 총체적 위기에 대한 온건한 종교적 · 철학적 구제책이 아니라 실천적이고 도발적인 지침이 될 수 있을 것이다.

이러한 기획 의도를 바탕으로 모스 선집은 모스가 단독으로 출간했거나 앙리 위베르, 폴 포코네, 앙리 뵈샤 등 뒤르켐 학파의 동료들과 함께 구축한 연구 성과를 소개하고, 사회학사에서 공백기로 남아 있는 20세기 전반부 프랑스 사회학의 다채로운 주제와 논점을 살펴볼 것이다. 여기에는 '희생제의'와 '주술', '기도' 등 일련의 종교사회학 주제에서 사회적 삶의 '리듬'을 다루는 사회형태학, '몸 테크닉'처럼 미시적인 인간 활동에서 '문명'과 '국민'과 같은 거대한 관찰 대상에 이르는 모스의 연구 성과가 포함될 것이다.

긴 호흡으로 난해한 문헌을 파헤쳐 가야 할 모스 선집 번역 작업을 통해 21세기의 사회학과 인류학에 활력을 불어넣는 견고한 주춧돌이 놓이길 기대한다.

역자들을 대표해서
박정호 씀

1
감정 표현의 의무

(오스트레일리아 장례식의 구두(口頭) 의례)[1]

1 이 글은 모스가 1921년 3월 10일 프랑스 심리학회에서 발표한 강연
문으로 같은 해『정상 및 병리 심리학 저널(*Journal de psychologie normale et
pathologique*)』(18권)에 게재되었다.

이 강연문은 뒤마[2](M. G. Dumas)의 「눈물(Larmes)」[3] 및 그 주제를 두고 내가 뒤마에게 보냈던 메모와 관련되어 있습니다. 나는 그에게 눈물의 의무적이고 도덕적인 사용이 극히 일반적인 현상임을 지적했습니다. 눈물은 특히 인사하는 방법으로 쓰입니다. 실제로 인사할 때 눈물을 흘리는 관습은 우리가 원시적이라고 부르는 사람들, 특히 오스트레일리아와 폴리네시아 원주민들 사이에

---

2   (옮긴이) 조르주 뒤마(Georges Dumas, 1866~1946)는 프랑스의 심리학자이자 정신과 의사로서 프랑스 심리학을 집대성한 『심리학전서』를 편집했다. 인간 정서를 심리학적 · 생리학적 · 정신병리학적으로 연구한 것으로 유명하다. 특히 모스가 프랑스 심리학의 성과를 이해하고 사회학적으로 수용하는 데 있어서 중요한 역할을 맡았으며, 모스의 집단심리학 개념을 프랑스 심리학계에 소개하기도 했다. 저서로는 『두 실증주의 메시아의 심리학 : 오귀스트 콩트와 생시몽』, 『전쟁의 정신장애와 신경장애』, 『정서생활, 생리학 · 심리학 · 사회화』 등이 있다.

3   *Journal de psychologie*, 1920; cf. "Le rire," *Journal de psychologie*, 1921, p. 47. "Le langage du rire".

매우 널리 퍼져 있습니다. 프리데리치(G. Friederici)도 북아메리카와 남아메리카에서 같은 관습을 연구하고 이를 Tränengruss, 즉 눈물로 인사하기로 부르자고 제안한 바 있지요.[4]

말 그대로 충분히 동질적이고 충분히 원시적인 상당수의 사람으로 이루어진 집단에서, 뒤마와 내가 눈물에 관해 언급한 것은 다른 많은 감정 표현에도 적용될 수 있습니다. 나는 오스트레일리아 장례식의 구두 의례를 연구함으로써 이를 밝혀보려고 합니다. 여기서 말하는 감정 표현은 흐느낌뿐 아니라 온갖 종류의 구두 감정 표현을 가리킵니다. 본질적으로 그것은 심리적 현상 혹은 생리적 현상만이 아니라 비자발성과 가장 완전한 의무의 표시가 짙게 각인된 사회적 현상입니다. 우리는 비명과 연설, 노래를 포함하는 장례식의 구두 의례에 초점을 맞출 것입니다. 하지만 오스트레일리아 원주민의 장례식에서 나타나는 온갖 종류의 의례, 특히 몸짓 의례(rite manuel)로까지 연구를 확장할 수도 있습니다. 끝으로 더 넓은 영역에서 이 문제를 따라가기 위해서는 몇 가지 사실만 언급해도 충분할 겁니다. 고인이 된 로베르 에르츠[5]와 에밀 뒤르켐[6]은

---

4   *Der Tränengruss der Indianer*, Leipzig, 1907. Cf. Durkheim, *Année sociologique*, 11, p. 469.

5   "Représentation collective de la mort," *Année sociologique*, X, p. 18. sq.

6   *Formes élémentaires de la vie religieuse*, p. 567 sq.

이미 이 문제를 장례식과 관련지어 연구한 바 있습니다. 에르츠는 장례식을 설명하려고 시도했고 뒤르켐은 속죄의식의 집단적 성격을 보여주기 위해 장례식을 예로 들었지요. 더 나아가 뒤르켐은 제번스(F.-B. Jevons)[7]와는 반대로 애도란 개인감정의 자발적 표현이 아니라는 원칙을 제기했습니다. 우리는 뒤르켐의 이 주장을 구두 의례와 관련지어 좀 더 자세히 되짚어보려고 합니다.

오스트레일리아 장례식의 구두 의례는 다음과 같이 구성됩니다.

1. 대체로 선율과 리듬을 갖춘 비명과 울부짖음
2. 여러 차례 되풀이해 부르는 노래(弔歌, vocero)
3. 일종의 교령회합(交靈會合, séances de spiritisme)
4. 죽은 자와 대화하기

일단 마지막 두 범주는 무시하도록 합시다. 그렇게 간과한다고 해서 논의에 지장을 초래하는 건 아닙니다. 엄밀한 의미에서 사자(死者) 숭배의식의 첫 단계[첫 두 범주]는 고도로 진화된 사실

---

[7] *Introduction to the History of Religion*, p. 46. sq. 제임스 프레이저(J. G. Frazer) 경은 이러한 의식이 관습에 의해 규제된다는 점을 알면서도 순전히 정령숭배론에 기초해서, 즉 주지주의적 방식으로 설명한다. *The Belief in Immortality and the Worship of the Dead*, 1913, p. 147.

로서 특이한 사례는 거의 없습니다. 게다가 거기서는 집단적 특성이 매우 두드러지게 나타납니다. 그것은 공적으로 규제된 의식으로 죽음에 대한 복수와 그 책임 소재를 밝히는 의례에 속합니다.[8] 따라서 틸리(Tully) 강 연안에 거주하는 부족들 사이에서[9] 이 의식 전체는 한참 동안 이어지는 노래를 동반한 장례식 춤으로 거행됩니다. 죽은 자도 건조된 시신 형태로 이 의식에 직접 참여하는데, 그 모습은 마치 원시적 부검을 앞둔 시체처럼 보입니다. 그리고 수많은 청중과 캠프 전체, 다시 말해 그 자리에 모인 부족 모두가 춤에 리듬을 주기 위해 다음과 같은 노래를 계속 부릅니다.

Yakai! ngga wingir,

Winge ngenu na chaimban,

Kunapanditi warre marigo.

이 노래는 이렇게 번역됩니다. "그(코이koi, 악령)가 어디서 너를 만났는지 알아야겠다. 우리는 너의 내장을 꺼내 알아볼 것이

8　Cf. Fauconnet, *La Responsabilité*, 1920, p. 236 sq.

9　W. Roth, *Bulletin* (Queensland Ethnography) 9, p. 390, 391. Cf. "Superstition, Magie, and Medicine." *Bulletin* 3, p. 26, n° 99, sqq.

다." 특별히 네 명의 주술사가 이 노래에 맞춰 춤을 추는데, 이들은 한 노인을 불러내 고인을 죽게 만든 마법의 물체를 시체에서 찾아 꺼내게 합니다. 이 의식은 점을 쳐서 사인(死因)을 알아낼 때까지 무한히 반복되다가 또 다른 일련의 춤을 통해 마무리되지요. 이 춤에는 남편의 시체에서 악령을 쫓기 위해 나뭇가지를 흔들며 오른쪽으로 한 걸음, 왼쪽으로 한 걸음 내딛는 과부의 춤도 포함됩니다.[10] 그동안 나머지 청중은 고인에게 복수를 다짐합니다. 이것은 하나의 예에 불과할 뿐입니다. 그것말고도 아주 상세히 논할 것이 남아 있습니다. 하지만 이 자리에서는 이 의식이 사회학자와 심리학자 모두가 아주 흥미롭게 여길 만한 관습을 낳는다는 점만 지적하겠습니다. 오스트레일리아 중부와 남부, 북부와 북동부에 거주하는 매우 많은 부족 사이에서는 죽은 자의 영혼을 불러내 살인자가 누구인지 묻는 부족 회의가 열립니다. 이때 죽은 자는 환상적인 답만 내놓지 않습니다. 죽은 자를 소환한 집단은 그가 실제로 움직이면서 답하는 것을 듣는다고 합니다.[11] 예언자나 피의

---

10 '코이'는 정령 또는 주술사와 악마를 포함한 모든 악령을 지칭한다.

11 빅토리아 서부에서 벌어졌던 교령회합에 관한 매우 뛰어난 기술로 Dawson, *Aborigines of South Austr.*, p. 663, (뉴사우스웨일스의) 유인족(Yuin)의 교령회합에 관해서는 Howitt, *South Eastern Tribes*, p. 422 참조. 이 저작에는 오래전 증명된 낡은 사실들만 인용되어 있다.

복수를 감행할 자가 시체를 어깨에 짊어지면, 시체는 살인자가 있는 쪽으로 그들을 인도하면서 질문에 답하기 때문이지요. 이는 예전에 우리가 강의를 통해 자주 집단적 진자 경험이라고 불렀던 것과 조금도 다르지 않습니다. 이러한 사례들을 통해 충분히 살펴봤듯이, 우리는 이 복잡하고 진화된 구두 의례에서 오직 집단적 감정과 관념만 활동한다는 점을 밝힐 수 있습니다. 또한 우리는 이 의례를 통해 활동 중인 집단 혹은 상호작용 중인 집단을 파악하는 커다란 이점까지 누릴 수 있지요.

곧 살펴보겠지만, 비명 지르기와 노래 부르기 같은 보다 단순한 의례가 오직 공적이고 사회적인 특성만 지닌 것은 아닙니다. 하지만 그 의례에서 순전히 개인적으로 느낀 감정을 개별적으로 표현하는 특성은 찾아볼 수 없습니다. 의례의 자발성이라는 질문은 연구자들 사이에서 민족지학적으로 진부한 표현이 될 정도로 오래전부터 수없이 제기되어왔지요. 그들의 이야기를 따라가노라면, 하찮은 일을 하면서 평범한 대화를 나누던 집단, 특히 여성 집단이 특정 시간이나 날짜 혹은 특정 상황이 되면 별안간 울부짖고, 비명을 지르고, 노래를 부르고, 원수와 악인을 저주하고, 죽은 자의 영혼을 쫓는 장면이 끝도 없이 등장합니다. 그리고 이렇게 슬픔과 분노를 폭발한 후, 애도를 담당하도록 특별히 지정된 몇몇 사람을 제외한 캠프의 구성원들은 다시 일상으로 돌아갑니다.

우선 주목해야 할 것은 비명과 노래가 집단 안에서 티져 나온 다는 사실입니다. 일반적으로 비명을 지르고 노래를 부르는 존재는 개인이 아니라 캠프입니다. 이에 관한 예는 셀 수 없을 정도로 많습니다. 그중 하나를 살펴보겠는데, 이 사례는 일정한 규칙성을 갖고 있어 어느 정도 간추려 설명할 수 있습니다. 퀸즐랜드 남동부에는 "죽은 자를 위한 비명"이라는 매우 일반적인 관습이 있습니다. 이 관습은 일차매장과 이차매장 사이 기간만큼 지속됩니다. 이 관습에는 정해진 시각과 시간이 할당됩니다. 즉, 일출과 일몰 시 약 10분간 애도해야 할 고인이 있는 캠프는 울부짖고 눈물을 흘리고 탄식합니다. 이렇게 각 캠프가 모였을 때 비명과 눈물을 두고 일종의 경연을 펼쳤는데, 상당수의 회중(會衆)도 이 경연에 참여할 만큼 대규모로 진행되었다고 합니다. 그래서 그때는 시장이 열리거나 집단적으로 견과(bunya)를 수확하거나 이런저런 입문식을 거행하기도 했지요.

그런데 감정의 집단적 표현을 위한 시간과 조건만 정해져 있는 것은 아닙니다. 그것을 담당하는 행위자들도 정해져 있습니다. 그들이 울부짖고 소리치는 것은 공포나 분노, 슬픔을 표현하기 위해서 뿐 아니라, 그런 일을 담당해야 할 의무가 있기 때문이기도 하지요. 예를 들어 아버지와 아들처럼 우리가 보기에 아주 가까운 사이라고 해도, 사실상의 혈연관계로부터 누가 애도를 표현할지가 결정되는 것은 아닙니다. 그것을 결정하는 것은 법적 혈연관계입니다. 모계 혈통으로 이루어진 사회에서 아버지와 아들이 각자의 죽음을 애도하는 경우는 별로 없습니다. 이에 관한 흥미로운 증거로 와라문가족(Warramunga)을 들 수 있지요. 이들은 부계 혈통을 중심으로 이루어져 있지만, 장례식을 치를 때는 모계 혈통으로 재구성됩니다. 또 다른 주목할 만한 사례는 조문단을 단순히 교환할 때 혹은 유산을 상속할 때 가장 슬퍼해야 하는 쪽은 대개 단순 인척(姻戚)인 모계 친족들이라는 점입니다.[12]

슬픔과 분노, 공포를 의무적으로 표현해야 한다는 것은 곧 모든 친척이 그 의무를 지지 않는다는 점을 보여줍니다. 눈물을 흘리고 울부짖고 노래하는 이는 물론 특정 개인들이지만, 대개 그들은 권리상 그리고 사실상 하나의 성(性)에만 속합니다. 오스트레일리아에서는 엄격한 의미의 종교의식은 남성이 담당하지만, 장례 의식은 거의 전적으로 여성이 담당합니다.[13] 이는 오스트레일

---

12 와라문가족의 경우 고인의 재산을 상속받았을 때 흐느끼는 쪽은 법적 남자 형제이다(Spencer et Gillen, *Northern Tribes*, p. 522). 오스트레일리아 북부에 거주하는 카카두족(Kakadu) 사이에서 사람이 죽었을 때 일어나는 부족 간 의례적 경제적 급부를 다룬 주목할 만한 사례에 관해서는, Spencer, *Tribes of Northern Territory*, p. 147 참조. 이 지역에서 슬픔을 표현하는 것은 순전히 경제적·법적 사안이 되었다.

13 왜 이처럼 여성들이 장례식의 주요 담당자인지 여기서 설명할 필요는 없다. 이 질문은 전적으로 사회학적 문제이며, 아마도 이러한 종교적 분업은 여러 요인에 기인할

리아 전역에서 입증되는 사실로서 이에 대해 이견을 가진 저술가
는 없습니다. 이처럼 완벽하게 기술되고 증명된 사실을 놓고 수많
은 참고 문헌까지 인용할 필요는 없지요. 그러나 여성들 사이에서
도 딸들이나 부계 혈통의 자매처럼 사실상의 친족 관계를 맺는 여
성만이 아니라 법적 친족 관계를 맺는 여성도 영락없이 그 역할을

것이다. 그러나 우리의 설명을 명확히 하고 사회적 기원을 가진 이 감정의 전례 없
는 중요성을 이해시키기 위해, 그 가운데 몇 가지 요인을 제시해두자. 첫째, 여성은
취약한(*minoris resistentiae*) 존재이므로 사람들은 이방인에게 그랬던 것처럼 여성에
게 잔인한 의식을 맡기거나 여성 스스로 그런 의식을 떠맡는다(É. Durkheim, *Les
Formes élémentaires de la vie religieuse*, p. 572). 또한 여성은 일반적으로 자신을 낯선 사람
으로 치부해 한때 집단이 모든 구성원에게 가했던 고통을 스스로 떠맡는다(이에 관
해서는 와라문가족이 행하는 집단적 고통 의식을 다룬 에르츠의 "Représentation
collective de la mort," p. 184 참조. 또한 Strehlow. *Aranda Stämme*, etc., IV, II, p.
18, 25 참조. 여기에는 이미 여성들만이 죽은 자를 자기 몸으로 감쌀 수 있다고 언급되
어 있다). 둘째, 여성은 악한 세력과 결부된 매우 특별한 존재라서, 생리 중이거나 마법
을 부리거나 잘못을 저지른 여성은 자신을 위험하게 만든다. 남편이 죽으면 어느 정도
는 여성의 책임으로 여겨진다. 오스트레일리아 여성에 관한 흥미로운 이야기가 담긴
텍스트로 Roth, "*Structure of the Kokoyimidir Language*"(Cap Bedford), *Bulletin*, n° 3, p.
24; *Bulletin* n° 9, p. 341 그리고 번역은 부정확하지만 p. 374 참조. 또한 Spencer et
Gillen, *Native Tribes*, p. 504, 3도 참조. 대다수 부족에서 남성과 전사는 어떤 구실로
든, 특히 고통스럽다는 이유로 비명을 지르거나 더 나아가 고문 의식을 치를 때 비
명을 지르는 것은 금지되어 있다.

맡습니다.[14] 우리가 알고 있듯이 보통 어머니들[15](이 지역은 집단적 혈연관계로 이루어진다는 점을 잊어서는 안 된다)과 자매들[16], 특히 고인의 부인[17]이 그런 여성에 해당합니다. 울음과 비명, 노래에는 매우 잔혹한 고행이 거의 매번 동반되는데, 바로 이 여성들 모두 또는 그들 중 몇몇이나 한 명이 자기 자신에게 그런 고행을 가합니다. 우리가 아는 바로는 고통과 비명을 유지하기 위해 그런 고행이 가해집니다.

그런데 여성들 전부 혹은 몇몇이 울부짖고 노래만 부르는 것은 아닙니다. 그들은 일정량의 비명 지르기도 충족해야 합니다. 타플린(Taplin)[오스트레일리아에서 활동한 선교사]은 나린예리족(Narrinyerri) 사이에는 "관습적으로 정해진 양의 울음과 비명"이

---

14 아주 최근에야 이들 여성의 목록이 가장 뛰어난 민족지학자들에 의해 완전히 밝혀졌다. Spencer et Gillen, *Native Tribes*, p. 506, 507, *Northern Tribes*, p. 520 그리고 특정 결혼계급의 어머니들과 여성들에 관해서는 *Tribes of Northern Territory*, p. 255를 보라. 로리차족에 관해서는 Strehlow, *Aranda Stämme*, IV, II, p. 25 참조.

15 이들은 앞의 주석에서 열거한 텍스트에 등장한다.

16 예를 들어 Grey, *Journals of Discovery*, II, p. 316 참조. 늙은 여성들은 "우리 남동생" 등을 노래 부른다(W. Austr.).

17 타룸바족(Tharumba)의 경우, 과부는 수개월 동안 노래하고 흐느낀다. 오알라이족(Euahlayi)도 마찬가지다. 멜버른의 유명한 부족으로 야라(Yurra)강 유역에 거주하는 부누룽족(Bunuroug)의 경우, 여성은 "조가(弔歌)"를 열흘에 걸친 애도 기간 내내 부른다.

있었다고 말했지요. 그런데 관습과 규칙이 있다고 해서 감정의 진정성이 배제되는 것은 결코 아닙니다. 우리의 장례 관습이 진정성을 배제하지 않듯이 말입니다. 이 모든 것은 사회적이고 의무적일 뿐 아니라 격렬하고 자연스럽습니다. 이처럼 고통을 추구하는 것과 고통을 표현하는 것은 함께 이루어집니다. 그 이유는 곧 살펴보겠습니다.

그런데 그전에 이러한 울음과 감정이 사회적임을 보여주는 또 다른 증거를 그 특성과 내용에 관한 연구에서 찾을 수 있습니다.

먼저, 비명과 울부짖음은 아무리 분명하게 들리지 않더라도 항상 어느 정도 음악적이고 대개 규칙적인 리듬이 있어서 여성들이 한목소리로 부를 수 있습니다. 고정된 양식, 리듬, 동음(同音), 이 모든 것은 생리학적이고 사회학적입니다. 선율과 리듬, 가락이 있는 울부짖음이더라도 단발로 그친다면 매우 원시적으로 들릴 것입니다. 그러므로 오스트레일리아 중부와 동부 그리고 서부에서는 심미적이고 성스러운 발성, 그렇기에 사회적이라고 할 수 있는 발성이 길게 이어집니다. 이것은 더 멀리 나아가 다른 형태로 진화할 수 있습니다. 가령 리듬을 갖춘 비명이 후렴이나 아이스킬로스(Eschyle)[18] 극작품 같은 장르의 삽입음이 될 수 있으

18   (옮긴이) 아이스킬로스(Aeschylos, B.C. 525(?) ~ B.C. 456)는 고대 그리스의 3대

며, 더 발전된 악곡을 갈라 각 마디에 리듬을 줄 수도 있습니다. 또 어떤 때에는 남성과 여성이 교대로 합창단을 결성하기도 합니다. 그런데 이런 비명은 노래처럼 부르지 않더라도 함께 외친다는 사실만으로, 별것 아닌 단순한 간투사(間投詞)와는 다른 의미를 지닙니다. 울부짖는 소리에는 어떤 효력이 있습니다. 그래서 우리는 이제 아룬타족(Arunta)과 로리차족(Loritja)의 여성 애도자들이 일제히 날카로운 두 개의 음으로 발음하는 바우바우(bàubàu)라는 비명이 $\alpha\pi\sigma\tau\rho\sigma\pi\alpha\iota\sigma\nu$라는 가치, 즉 악령 불러내기로 오역될 수 있지만 더 정확히 말해 악령 퇴치의 가치를 지닌다는 것을 알 수 있습니다.

이제 노래를 살펴봅시다. 노래도 같은 특성을 지닙니다. 노래는 리듬에 맞춰 부른다는 점은 군이 말할 필요도 없지요. 그렇지 않았다면 현재의 모습도 없었을 테니까요. 따라서 노래는 집단적 형태에 맞춰 견고하게 만들어집니다. 그런데 그 내용도 마찬가지입니다. 오스트레일리아 원주민들, 아니 오스트레일리아 여성들 사이에는 "노래를 부르는 여성", 흐느끼는 여성, 저주하는 여성이 존재합니다. 이들은 장례식에서 애도와 죽음을 노래하며 죽음을 초래한 적을 향해 욕하고 저주하고 주술을 겁니다. 그들이 부르는

비극작가 중 한 명으로 90여 편의 비극을 썼으며, 특히 그리스 비극 중 유일하게 거의 완전한 형태로 전해지는 '오레스테스 3부작'을 작성한 것으로 유명하다.

노래를 다룬 텍스트는 상당히 많은데, 그중 일부는 매우 원시적이어서 감탄문, 긍정문, 의문문의 수준을 간신히 넘어서는 정도에 불과합니다. 매우 널리 퍼져 있는 형태로 "단 하나뿐인 내 조카는 어디 있는가?"와 같은 소절이 있습니다. 한편 "너는 나를 왜 여기에 두고 갔는가?"라고 물으면 "내 남편[또는 내 아들]이 죽었다!"라는 여자의 외침이 덧붙여집니다. 여기에는 일종의 심문과 단순한 확인이라는 두 가지 주제가 있습니다. 한편으로는 죽은 자에게 부르짖는 소절 혹은 죽은 자가 부르짖는 소절이 있고 다른 한편으로는 죽은 자와 관련된 이야기가 등장하는데, 노래는 이 두 가지 한계를 거의 넘어서지 못합니다. 우리가 수집한 가장 아름답고 가장 긴 조가조차도 이런 식의 대화와 유치한 서사시에 국한될 뿐입니다. 여기서 우아하고 서정적인 무언가는 찾아볼 수 없습니다. 감정적 톤을 지닌 소절이라곤 죽은 자들의 세계에 관한 묘사에서 단 한 번 등장할 뿐이지요. 사실 노래의 내용은 일반적으로 주술사에 대한 단순한 모욕, 추잡한 모욕, 저속한 욕설, 혹은 집단의 책임을 부정하는 방식들로 채워져 있습니다. 요컨대 감정이 배제되지는 않지만, 가장 발달한 노래조차 감정보다 사실에 대한 설명과 법적 의례에 관한 주제로 기울어져 있지요.

마지막으로 심리학적 관점 혹은 상호심리학적 관점에서 두 가지만 더 언급하겠습니다.

방금 살펴봤듯이 대륙 전체에 걸친 매우 많은 사람 사이에서 느낌과 감정을 나타내는 구두 표현의 상당 부분은 집단적 특성만 지닙니다. 하지만 이 집단적 특성은 감정의 강도를 조금도 떨어뜨리지 않는다는 점을 여기서 바로 말해두어야겠습니다. 오히려 그 반대가 맞습니다. 와라문가족, 카이티시족(Kaitish), 아룬타족이 만들어 놓은 죽은 자들의 뼈 더미를 떠올려보십시오.

개인과 집단 감정의 이 모든 집합적이고 동시적인 표현은 도덕적 가치와 강제력을 지니는바, 그것은 단순한 표출이 아니라 이해된 표현의 기호, 요컨대 언어입니다. 비명은 문구나 단어와 유사합니다. 무언가 말해야 할 때 반드시 특정 문구나 단어로 말해야 한다면, 그것은 집단 전체가 그 언어를 이해하기 때문입니다.

그러므로 우리는 단순히 자신의 감정을 나타내는 데 그치지 않습니다. 타인에게 자신의 감정을 나타내는 것은 그렇게 해야 하기 때문입니다. 우리는 타인에게 감정을 표현하고 타인을 대신해 표현함으로써 자기 자신에게도 그 감정을 나타낼 수 있습니다.

이는 본질적으로 상징적인 것입니다.

여기서 우리는 헤드[19]와 무르그[20]를 비롯해 가장 조예 깊은 심리학자들이 제안한 매우 훌륭하고 흥미로운 이론과 만나게 됩니다. 그것은 바로 정신의 자연스러운 상징적 기능에 관한 이론입니다.

이처럼 우리는 심리학자, 생리학자, 사회학자가 만날 수 있고 또 만나야 하는 사실의 현장에 서 있습니다.

---

19 헨리 헤드(Henry Head, 1861~1940)는 영국의 신경학자로 신체 감각 시스템과 감각신경계에 관한 선구적인 연구를 수행하였다.

20 라울 무르그(Raoul Mourgue, 1886~1950)는 프랑스의 철학자이자 신경생물학자로서 베르그손의 지속 개념을 과학적 방법에 의거해 설명한 것으로 널리 알려져 있다. 생명과 심리 현상을 연결하는 본능에 깊은 관심을 가지고 연구했으며, 『신경학과 병리학 연구의 생물학적 입문』, 『신경 생리학과 환각: 기능의 분열에 대한 특별한 변이에 관한 시론』 등의 저서를 남겼다.

"웃음과 눈물로 인사하기"(1923)[21]

　"눈물"이 기호로 사용된다는 당신의 언급과 관련해 나는 이를 뒷받침하는 것으로 독일인이 흔히 Traenengruss, 즉 눈물로 하는 인사라고 부르는 중대한 사실을 알려드리려고 합니다. 이 주제와 관련해 프리데리치 씨가 쓴 뛰어난 소논문이 있는데[22] 여기에는 같은 종류에 속하는 아메리카 (북부와 남부)의 여러 사실을 다룬 훌륭한 목록이 포함되어 있습니다.[23] 그런데 오스트레일리아, 특히 퀸즐랜드에 거주하는 오스트레일리아 원주민들 사이에서도 같은 사실이 증명됩니다. 브리즈번 주변의 부족들을 가장 오래전부터 관찰했던 한 사람이 말한 바를 그대로 옮겨보겠습니다. "이

21　(옮긴이) 이 글은 조르주 뒤마의 *Traité de psychologie*(Paris, 1923)에서 발췌한 것으로 모스가 뒤마에게 보냈던 편지의 일부를 담고 있다. 원문은 Marcel Mauss, *Œuvres* 3, Paris: Les Editions de Minuit, 1969, 278~279쪽에 수록되어 있다.

22　*Der Traenengruss der Indianer*, Leipzig, 1907.

23　Durkheim, *Année sociologique*, II, p. 469 참조.

흑인들 사이에서 눈물은 기쁨의 기호이자 슬픔의 기호다. 방문객들이 캠프에 도착하면 그들은 주저앉아 두 편으로 나뉘어 서로 얼굴을 마주 본다. 그리고 말 한마디 꺼내기에 앞서 환영의 표시로 일종의 울부짖는 경연을 개시한다."[24] 오스트레일리아의 다른 지역에서는 이 눈물의 인사가 장례 의식과 더 관련이 있는 것 같습니다.[25] 이런 형태로 눈물의 인사는 현지에 매우 널리 퍼져 있습니다. 이러한 사실을 논하려면 아주 많은 시간이 필요합니다. 하지만 결론부터 말하자면, 의식의 목적은 서로를 맞이하는 두 당사자에게 감정의 일치를 보여주는 데 있습니다. 그럼으로써 그들은 친척 혹은 동맹자가 됩니다. 이곳에서 감정과 그 생리적 표현의 집단적이고 의무적인 성격은 뉴질랜드나 로마의 애도자들에게서 볼 수 있듯이 억지스러운 노력이나 거짓된 연출 없이도 잘 나타납니다.

---

24 *Tom Petrie's Reminiscences of Early Queensland*, p. 117. 한 민족학 전문가가 기술한 것도 참조(Roth, "Tribu de Maryborough," *Bulletin of N. Queensland Ethnography*, n° 8, p. 8).

25 예를 들어 Tribu de Melbourne, Rite du messager. Brough Smith, *Aborigènes of Victoria*, I, p. 134 참조. 무룬디(Moorundi)에서 있었던 두 부족의 만남에 관해서는 J. Eyre, *Journal of Discovery*, t. II, p. 221 참조.

2

집단이 암시하는 죽음 관념이
개인에게 미치는 신체적 효과[1]

(오스트레일리아와 뉴질랜드)

1   이 글은 모스가 1924년 11월 15일 프랑스 심리학회에서 발표한 강연문으로 1926년 『정상 및 병리 심리학 저널』(23권)에 게재되었다.

심리학과 사회학의 관계[2]는 전적으로 방법에 전념한 연구였습니다. 그런데 방법이란 하나의 길(μάθοδος)을 여는 경우에만, 즉 그때까지 분류하기 어려웠던 사실들을 분류해주는 수단이 되는 경우에만 정당화됩니다. 방법은 발견에 도움이 되는 가치를 지닐 때만 의의가 있습니다. 그럼 실증적 연구로 넘어가서 내가 외람되게 내세웠던 몇 가지 주장을 뒷받침하는 사실들, 특히 인간에게는 신체적인 것, 심리적인 것, 정신적인 것(즉 사회적인 것)이 직접 연결되어 있음을 입증하는 사실들을 보여드리겠습니다.

나는 매우 많은 사회에서 어떠한 개인적 요인 없이 사회적 기원만 갖는 죽음의 강박관념이 발견된다고 말했습니다. 이 강박관념으로 심신이 너무 피폐해져 단기간에 죽는 사람도 있습니다. 눈

---

2   (옮긴이) 모스가 1924년 프랑스 심리학회에서 발표한 「심리학과 사회학의 실질적이고 실천적인 관계」를 가리킨다.

에 띄는 상해를 입은 것도 아니고 무슨 병을 앓았던 것도 아닌데 말입니다. 나는 몇 가지 자료로 이를 증명함으로써 분석은 아닐지라도 분석의 기획만큼은 제시하겠다고 약속했습니다. 자, 이제 제 이야기를 토론에 부쳐 여러분의 비판에 맡기겠습니다. 그런데 그 전에 문제가 무엇인지 분명히 정의해야겠습니다.

1. 죽음 관념의 집단적 암시에 대한 정의

우리가 다루려는 사실과 유사한 사실이 있는데, 한때 이것들은 서로 구별되지 않고 모두 **타나토마니아**[3]라는 용어로 분류되었습니다. 하지만 우리는 이 사실들을 구별 짓고자 합니다. 앞으로 연구하려는 사회에서 같은 종류의 강박관념으로 자살이 일어날 때도 있기 때문입니다. 특히 마오리족 사회에서 죄를 범했거나 주술에 걸린 사람이 자살 시도를 되풀이할 때가 있는데, 그 방식을 보면 자살을 교사하는 암시가 얼마나 한 개인을 집요하게 따라다

---

3   (옮긴이) 「심리학과 사회학의 실질적이고 실천적인 관계」에서 모스는 타나토마니아를 병리적 현상이 아닌 정상적 현상으로 간주한다. 그러나 여기서 타나토마니아는 죽음의 암시와 관련해 혼동을 일으키는 개념으로 부정적 뉘앙스를 띠고 있음에 유의해야 한다.

니는지 잘 알 수 있습니다. 따라서 이런 식의 암시도 정확히 똑같은 형태를 지닙니다. 다만 우리가 기술하려는 사실의 체계에서 봤을 때 다른 결과를 낳을 뿐입니다.[4] 왜냐하면 자살에는 목숨을 버리려는 의지와 난폭한 행위가 개입하기 때문입니다. 사회적인 것이 신체에 미치는 영향에는 명확한 심리적 매개가 존재합니다. 그런데 [강박적 암시에 의한 자살의 경우] 자신을 파멸로 이끄는 것은 희생자 본인이며 그 행동은 무의식중에 이루어집니다.

우리의 관점과 논증에서 내가 여러분과 논의하려는 사실이 훨씬 더 충격적입니다. 그것은 기본적으로 많은 사람에게서 **급작스럽게 야기된 죽음의 사례**이지만, 단지 **그들이 죽을 것이라는 사실을 알고 있거나** (같은 말이지만) **그렇게 믿어서** 발생하는 죽음이기 때문입니다.

하지만 그런 사실들 가운데서 [죽을 것이라는] 믿음과 자각이 개인에게서 유래하는 — 혹은 유래할지도 모르는 — 경우는 따로 가려낼 필요가 있습니다. 곧 설명하겠지만 여러 문명에서 그런 경우는 우리가 더 정확하게 고찰하려는 사실과 자주 혼동됩니다. 그

---

4   슈타인메츠(Steinmetz)가 "Der Selbstmord bei den Afrikanischen Naturvolkern," *Zeitschr. für Sozialwiss.*, 1907에서 제시한 아프리카 자료 목록에서 이러한 자살 사례 몇 가지를 찾아볼 수 있다. 특히 프랑스와 중국에서도 여전히 빈번하며 고대에는 아주 흔했던 위신 상실로 인한 자살을 참조하라.

런데 분명한 것은 개인이 병에 걸려 죽을 것이라고 믿는다고 해도, 또는 설령 당사자의 생각에 그 병이 누군가 마법을 걸었거나 자신이 저지른 죄(위반 또는 태만)로 야기되었다고 해도, 병이라는 관념은 (의식적이고 잠재 의식적인) 추리 과정에서 "중간 원인"으로 개입한다는 점입니다.

그러므로 **죽은 주체**가 자신이 병들었다는 것을 믿지 않았거나 알지 못했고 **정확히 집단적 원인에 의해서 자기 죽음이 임박했다고 믿었던 경우만** 고찰하겠습니다. 일반적으로 이 상태는 주술에 걸렸거나 죄를 저질러 평상시 자기를 지탱해 주던 성스러운 힘과 사물과의 영적 교섭에서 단절된 상태와 일치합니다. 이때 전적으로 집단에서 유래한 관념과 감정이 개인의 의식을 온통 뒤덮게 됩니다. 하지만 어떠한 신체적 장애도 일으키지 않습니다. 이를 분석해보면, 집단적 암시 말고는 본인의 의지나 선택은 물론 자의적인 관념 형성이나 개인적 정신 장애도 찾아볼 수 없습니다. 그는 자신이 주술에 걸렸다고 믿어서 혹은 잘못을 저질렀다고 믿어서 죽는 것입니다. 이제 우리의 연구대상은 이와 같은 사례로 한정하겠습니다. 다른 사실들, 가령 똑같이 죄를 짓거나 저주에 빠진 상태에서 자살하거나 병에 걸리는 경우는 확실히 덜 일반적입니다. 이처럼 세세하게 범위를 제한해 연구를 까다롭게 함으로써, 우리는 더 간단하고 더 인상적이고 더 설득력 있는 연구를 진행할 수 있습니다.

소위 미개한 문명에서는 이런 사실들이 잘 알려졌습니다. 하지만 우리 문명에서는 드물거나 존재하지 않는 것처럼 보입니다. 바로 여기에서 이 사실이 지닌 매우 뚜렷한 사회적 성격이 드러납니다. 그 사실들은 주술, 금기사항 혹은 터부처럼 우리 문명의 단계에서는 사라진 특정 제도와 신앙의 존재 여부에 명백히 의존하기 때문입니다. 하지만 미개 민족들 사이에서 아무리 많고 잘 알려진 사실이더라도 심리학과 사회학에서 깊이 연구된 적은 아직 없습니다. 바르텔스(Max Bartels)[독일의 의사이자 민족학자][5]와 스톨(Otto Stoll)[스위스의 언어학자이자 민족학자][6]이 그 가운데 상당수를 인용했지만 다른 사실과 혼동하고 말았습니다. 그들은 온갖 민족들로부터 수집한 사실들을 집적하는 데 그쳤을 뿐입니다. 그래도 그들이 남긴 오래된 양서들은 이런 사실이 인류에 널리 퍼져있다는 점을 알려준 것만으로도 충분한 가치가 있습니다. 다만 우리는 좀 더 체계적으로 연구하도록 합시다. 이를 위해 두 문명 집단을 선택해 그들이 각각 나타내는 두 가지 사실군(群)에 집중하겠습니다. 하나는 가장 미개한 문명, 아니 그렇게 알려진 오스트레일리

5   Max Bartels, *Medizin der Naturvölker*, 1893, pp. 10~13.

6   Otto Stoll, *Suggestion und Hypnotismus in der Völkerpsychologie*, 1904.

아 문명이고 다른 하나는 이미 고도로 발전했고 확실히 변천을 거듭한 문명으로 뉴질랜드에 사는 마오리족과 말레이-폴리네시아인 문명입니다. 나는 고인이 된 에르츠와 함께 수집한 자료 중에서 몇 가지만 언급하려고 합니다[7] 물론 비교 범위를 확대하는 일은 어렵지 않습니다. 특히 북아메리카와 아프리카[8]에서 같은 종류의 사실을 빈번히 관찰할 수 있으며, 실제로 이미 오래전 몇몇 저자가 이 사실을 잘 기록해 놓기도 했습니다. 하지만 우리로서는 두 유형의 사실에 집중하는 편이 더 낫습니다. 그 사실들은 서로 가깝지만 비교할 수 있을 만큼 충분히 멀리 떨어져 있습니다. 또한 우리는 그 사실들 자체의 본질과 기능뿐 아니라 사회적 환경이나 개인과 관련한 본질과 기능도 잘 알고 있습니다.

7　에르츠(Robert Hertz)는 전쟁[1차 세계대전]이 발발하기 전 뉴질랜드에서 출판된 자료 대부분을 자세히 검토했다. 그는 "원시 사회에서의 죄와 속죄"에 관한 주요 연구를 준비하고 있었는데, 그 서론은 1921년 『종교사논집(Revue de l'Histoire des Religions)』에 게재되었다. 나는 이 저작에 남아 있는 훌륭한 주석과 중요한 원고를 바탕으로 나머지 부분을 다시 작성하려고 한다. 에르츠 역시 죽을죄(péché mortel)라는 개념의 문제에 직면했다. 나는 에르츠의 유고를 자유롭게 훑어보았다. 오스트레일리아 원주민들 사이에서 말의 효과에 대한 믿음의 기원을 탐구하기 위해 나는 여러 사실을 조사해야 했고, 이 점에 관해서 오스트레일리아 원주민을 다룬 민족지 문헌에 대한 나 자신의 검토는 상당히 포괄적으로 이루어졌다. 그러나 나는 저명한 저자를 일단 제외하고 구하기 어려운 소수의 민족지만을 상세히 지적하고자 한다.

8　예를 들어 다음을 보라. Casalis, *Basulos*, p. 269.

이런 사실들이 발생하는 정신적 조건과 신체적 조건, 사회적 조건을 간략히 설명하면 도움이 될 것입니다. 예를 들어 포코네[9] 씨는 여러 사회에서 나타나는 책임 관념에 대해 자세히 서술했습니다. 오스트레일리아의 수많은 종교적 사실 — 장례식과 기타 등등[10] — 과 관련해, 뒤르켐은 집단을 활기차게 만드는 격렬한 충동을 비롯해 집단을 사로잡는 극심한 공포나 폭력적 반응을 상세히 서술했습니다. 이처럼 개인의식을 완전히 지배하는 현상은 집단 안에서 발생하고 집단에 의해서 발생합니다. 하지만 비단 그런 현상만 있는 것은 아닙니다. 그때 생성된 관념들도 집단의 끊임없는 압력 아래, 가령 교육 등을 통해 개인 안에서 유지되고 재생산됩니다. 조금이라도 기회가 있으면 이 관념들은 혼란을 불러일으키거나 활력을 과도하게 자극합니다.

이들 민족의 신체가 우리보다 더 강하고, 더 거칠고, 더 동물에 가까운 만큼 정신이 신체에 미치는 작용의 강도는 더욱 주목할

9   Paul Fauconnet, *La Responsabilité*, Paris: Félix Alcan, 1920. (옮긴이) 폴 포코네 (1874~1938)는 뒤르켐의 제자로서 모스와 함께 『사회학 연보』를 이끌었던 뒤르켐 학파의 대표적 인물이다. 범죄의 사회적 기능과 법적제재를 다룬 뒤르켐의 연구에 영향을 받아 법적 책임(특히 형사책임)과 처벌에 관한 사회학적 문제를 진단하고 분석했다.

10   Émile Durkheim, *Les Formes élémentaires de la vie religieuse*, Paris: Félix Alcan, 1912.

2 _ 집단이 암시하는 죽음 관념이 개인에게 미치는 신체적 효과

만합니다. 오스트레일리아 민족지와 다른 많은 민족지에서 원주민들의 몸이 대단한 신체적 저항력을 가지고 있다는 것은 통상 관찰되는 사실입니다. 완전히 벌거벗거나 거의 벌거벗은 채 강렬한 햇빛을 받으며 살아가기 때문이든, 유럽인이 이주하기 전에는 자연환경과 가재도구가 오염되는 일이 드물었기 때문이든, 아니면 공교롭게도 생활양식에 의해 도태된 어떤 인종적 특성 때문이든(특히 그들의 신체에는 허약한 인종의 신체와는 다른 혈청 및 기타 생리학적 요소가 있을지도 모릅니다. 오이겐 피셔(Eugen Fischer)[독일의 인류(유전)학자] 씨가 이 요소를 연구하기 시작했으나 결과는 신통치 못했습니다), 원인이 무엇이든 간에 아프리카 흑인과 비교해봐도 오스트레일리아인의 신체는 놀라운 회복 능력으로 특징지을 수 있습니다. 막 아이를 낳은 여자도 곧장 일상으로 돌아가 몇 시간 후면 걷기 시작합니다. 몸에 심각한 상처를 입어도 빠르게 치유됩니다. 일부 부족들 사이에서는 칼로 허벅지를 베는 것이 부녀자나 청년을 처벌하는 통상적 방식일 정도입니다. 팔이 부러졌을 때는 얇은 부목을 덧대기만 해도 금세 뼈가 다시 붙습니다. 이 모든 사례와 극명히 대조되는 사건들을 살펴봅시다. 가벼운 상처를 입었더라도 마법에 걸린 창에 찔렸다고 믿는 사람은 회복할 가능성이 전혀 없습니다. 반면 손발이 부러졌더라도 자신이 어긴 규칙에 맞서지 않으면 곧바로 낫기 시작합니다. 이와 비슷한 사례는 얼마든지 찾아볼 수 있습니다. 이렇듯 정신이 신체에 미치는 작용의 가장 극단적인 형태는 어떤 외상도 없는 경우에 확실히 더 잘 드러납니다. 우리는 이런 경우만 다룰 것입니다.

오스트레일리아인과 비교해 뉴질랜드인은 원체 더 가냘프고 물리적 인자에 대한 저항력도 약합니다. 하지만 뉴질랜드도 전형적 사실이 많이 관찰되는 비옥한 영역입니다. 뉴질랜드인에 관한 민족지, 특히 오래된 민족지에서 이들은 사기가 저하되지 않는 한 강한 체력과 건강, 빠른 치유력과 회복력을 지닌 민족으로 흔히 등장합니다. 적어도 유럽인이 천연두 등을 옮겨 많은 사망자를 내기 전까지는 그랬습니다. 하지만 우리는 다른 관점에서 그들에게 관심을 두고 있습니다. 모든 말레이-폴리네시아 원주민과 마찬가지로 뉴질랜드 원주민도 "공황" 상태에 가장 취약합니다. 말레이인의 **아모크**(amok)[11]를 모르는 이는 없겠지요. 남자들(언제나 남자들이 그렇습니다)은 오늘날까지 심지어 대도시에서도 지인을 죽였거나 모욕한 자에게 복수하기 위해, 밖으로 나가 "**미쳐**(amok) 뛰어다니며" 기진맥진해 쓰러질 때까지 길거리에서 만나는 사람들

---

11   (옮긴이) 아모크(amok)는 말레이에서 결사대를 뜻하는 용어 아무코(amuco)에서 유래하는 특수한 급성착란의 명칭으로 급격한 흥분을 일으켜 폭행과 살인 등을 범하게 환각적 격정을 가리킨다. 그 후에는 심각한 피로와 기억상실을 남긴다고 알려져 있다.

을 닥치는 대로 살해합니다. 일반적으로 뉴질랜드 원주민 사회와 말레이-폴리네시아 원주민 사회가 이런 종류의 감정에 쉽게 빠져드는 지역으로 꼽힙니다. 에르츠는 운 좋게도 그런 사람들을 선택해 도덕적 의식 메커니즘의 놀라운 효과를 분석할 수 있었습니다. 특히 마오리족은 도덕적이고 신비적인 이유로 정신적, 신체적 힘은 최대치를 나타내면서도 같은 이유로 우울증은 최소치를 나타냅니다. 이에 관한 자세한 내용은 에르츠의 책에 기재되어 있으므로 더 이상 언급하지 않겠습니다.

2. 오스트레일리아의 사실 유형들

오스트레일리아 원주민들은 우리가 변사(變死)라고 일컫는 죽음만을 자연사(自然死)로 간주합니다. 부상과 살인, 골절이 죽음의 자연적 원인에 속합니다. 그래서 복수는 살인자보다 마법사를 향해 더 격렬하게 폭발하지요. 그 외 모든 죽음의 원인은 주술이나 종교에서 유래합니다.[12] 다만 뉴질랜드에서만큼은 도덕적·종교

---

12 레비브륄(Lévy-Bruhl)은 원인 개념의 관점에서 이 현상을 여러 차례 연구했다 (*Fonctions mentales dans les sociétés inférieures et mentalité primitive*, Paris: Félix Alcan, 1910을 보라).

직 원인의 사건으로 사람들은 자신이 죽을 것이라는 강력한 암시에 사로잡히는데, 보통 이런 저주는 죄를 짓게끔 사람들을 유인하기 위해 주로 행해진다고 합니다. 반면 오스트레일리아에서 그런 사례가 나타나는 빈도는 낮습니다. 죽음이 죄의 치명적인 결과라는 관념 때문에 실제로 죽음이 발생하는 경우는 — 내가 아는 한 — 매우 드뭅니다. 나는 고작 몇 안 되는 사례만 발견했는데, 그 대부분은 토템과 관련된 죄, 특히 토템을 먹거나[13] 특정 연령층이 금지한 음식을 먹은 죄에 관한 것이었습니다. 뒤르켐은 이런 사례를 굳이 거론할 필요가 없었지만[14] 우리는 이와 관련된 매우 전형적인 사례 두 가지를 살펴보겠습니다. "와켈부라족 소년이나 소녀가 금지된 사냥감을 먹으면 병들고 쇠약해져 잡아먹힌 동물의 울음소리를 내며 죽고 말 것이다." 이 말은 동물의 정령이 몸 안에 들

---

[13] 뒤르켐과 나는 이 사실들을 정성껏 수집했다. 『종교생활의 기본형태(Les Formes élémentaires de la vie religieuse)』(84쪽의 주 1~4번, 184쪽의 주2)에 그 일부가 열거되어 있다. 그 사실들은 특히 중부와 남부에 거주하는 부족들, 가령 나린예리족(Narrinyerri)과 인카운터만(Encounter Bay) 부족에게서 찾아볼 수 있다. 윤비아이[yunbeai 오알라이족의 개인 토템]의 타부에 관해서는 파커(Langloh Parker) 여사의 저서(Euahlayi Tribe, Londres, 1908, p. 20)에 자세히 나와 있다. 이 토템은 개인 토템이지 씨족의 토템이 아니다.

[14] Alfred William Howitt, *Native Tribes of South East Australia*, Londres: MacMillan, 1904, p. 769.

2 _ 집단이 암시하는 죽음 관념이 개인에게 미치는 신체적 효과

어가 목숨을 빼앗아간다는 뜻입니다.[15] 또 다른 사례는 우리의 논의와 밀접하게 관련된 사례들 가운데 하나입니다.[16] 1856~57년 사이에 맥 알핀이라는 사람이 쿠루나이족 소년 한 명을 고용했습니다. 이 흑인 아이는 튼튼하고 건강했는데 어느 날 병에 걸리고 말았습니다. 아이는 자신이 해서는 안 될 일을 저질렀다고 털어놓았지요. 허락도 없이 "주머니쥐" 암컷 한 마리를 훔쳐 먹다가 마을의 노인들에게 들켰다고 말입니다. 아이는 이제 어른이 될 수 없다고 믿었습니다. 그렇게 믿는 바람에 몸져누워 다시는 일어나지 못한 채 3주 만에 죽고 말았습니다.

이처럼 오스트레일리아 원주민들도 도덕적·종교적 원인으로 암시를 받아 죽음에 이를 수 있습니다. 앞에서 인용한 사례는 순전히 주술적 원인에서 기인한 죽음의 사례로 넘어가는 중간단계에 해당합니다. 노인들이 아이에게 으름장을 놓았던 것입니다. 게다가 주술로 초래된 상당수의 죽음이 부족 회의에서 결정된 복수나 이런저런 처벌[17]이 집행되는 도중에 일어난다는 점에서 죽

---

15 이 강박관념과 신들림 사례는 우리의 관점에서 봤을 때도(Samoa 참조), 개인과 모종의 세력(이 세력은 악의를 품고 개인의 영혼을 빼앗아 자기 것으로 삼기도 한다) 사이의 관계에서 봤을 때도 전형적이다.

16 *Ibid.*

17 예를 들어 쿠르다이차 아룬타족(Kurdaitcha Arunta)과 로리차족(Loritja)에 관한

음의 암시는 사실상 형벌에 속합니다. 그러므로 법적으로 주술에 걸렸다고 믿는 개인은 엄밀한 의미에서 정신적 동요도 겪게 됩니다. 이처럼 오스트레일리아의 사실 전체는 우리가 생각하는 것만큼 마오리족의 사실 전체와 멀리 떨어져 있지 않습니다. 하지만 일반적으로 주술이 문제입니다. 자신이 주술에 걸렸다고 믿어서 실제로 죽는 사람은 잔인하게도 셀 수 없을 정도로 많습니다. 몇 가지 사례를 인용하겠습니다만, 되도록 오래되고 정확하게 관찰된 사례, 특히 사건의 경과가 뚜렷하며 자연과학자나 의사가 직접 관찰한 사례를 들도록 하겠습니다. 1840년을 앞둔 어느 날 백하우스[18]가 들려준 이야기에 따르면, 본 아일랜드(Bourne Island)에서 한 남자가 자신이 주술에 걸려 내일 죽을 것이라고 말했는데 실제로 죽은 채 발견되었다고 합니다. 1865년 케네디 지역 에덴(Eden) 가(家)[19]에서 일하던 아일랜드 출신의 한 늙은 하녀가 자기

기술은 슈트렐로(Strehlow), *Aranda und Loritja Stamme*, IV, II, p. 20 및 기타, 애도의 결과로 나타나는 주술에 관해서는 p. 34를 참조하라. 오스트레일리아에서는 자살 사례가 드물다. 슈트렐로는 아룬타족이나 로리차족 사이에서는 자살 사례가 알려지지 않았다고 두 차례 언급한다. 즉 "그들은 삶에 너무 집착한다."

18 James Backhouse, *Narrative of a Visit to the South Australian Colonies*, Londres: A. Hamilton, 1843, p. 105.

19 Charles H. Eden, *My Wife and I in Queensland*, Londres: Longmans Green, 1872, pp. 110~111.

밖에 모르는 흑인 하녀를 나무라면서, "너는 너무 성질이 고약해 곧 죽을 거야"라고 저주를 내뱉었습니다. 그러자 "이 흑인 하녀는 한동안 가만히 쳐다보다가 손을 떨구었고, 얼굴은 창백해졌다 (…) 그리고 그 말의 영향으로 절망에 빠져 날이 갈수록 점점 쇠약해지더니 한 달도 못 되어 죽고 말았다"고 합니다.

몇몇 초기 작가들은 이런 사실을 좀 더 일반적인 방식으로 설명합니다. 킴벌리 지역의 탐험가 오스틴(Austin)[20]이 1843년에 남긴 기록에 따르면, 흑인은 대단한 생명력을 지녔지만 주술에 걸렸다는 것을 알게 되면 놀랄 정도로 심하게 허약해집니다. 자연과학자 프로짓(Froggitt)[21]은 "그것(주술 걸기)이 자신에게 행해졌다는 것을 안 흑인이라면 누구든 "겁에 질려 쇠약해진다"고 말합니다. 1870년경 어떤 작가가 목격한 바에 따르면, 한 남자가 자신이 특정 날짜에 죽을 것이라고 말한 후 실제로 그날이 되자 "순전히 상상력으로[22]" 죽었다고 합니다. 빅토리아 북부에서 선교 활동을 했

---

20 이는 로스(Walter E. Roth)가 *Royal Geographical Society of Queensland*, 1902, pp. 47~49 에 발표한 것이다.

21 Froggitt, "Notes of a Naturalist in the district or W Kimberley," *Proc. Limm. Soc.* of N. S. Wales, 1888, p. 654.

22 H.-P, "Australian Blacks (Lachlan River)," *Australian Anthropological Journal. Science of M. I.*, Ire série, 1, p. 100, col. I.

던 뷜머(Bulmer) 목사도 몇몇 부족에게서 같은 사례를 목격하고, 이런 일이 실제로 벌어진다고 강하게 확신했습니다.[23] 어느 복음 전도사는 퀸즐랜드에서 외부인의 손길이 가장 닿지 않은 한 부족을 찾아가서, 저주의 힘을 푸는 주술을 찾지 못하면 "피가 썩어(go bad) 주술에 걸린 자는 죽고 만다[24]"라고 분명히 말했다고 합니다. 다만 그가 영어와 오스트레일리아 토착어가 섞인 "혼성어"로 말했는지는 불분명합니다.

지금까지 개인이 정해진 시간에 죽는 사례에 주목했습니다. 한편, 주술의 영역에서 벗어나지만 여전히 사회적인 것과 종교적인 것의 영향력을 드러내는 몇 가지 사례도 보고되고 있습니다. 비교적 드물긴 해도 죽은 자에게 홀리는 강박관념이 바로 그것입니다. 앞서 인용한 백하우스는 모론바(Molonbah)[오스트레일리아 퀸즐랜드주 소재 지역] 출신의 한 흑인이 어떻게 이틀 만에 죽었는지 설명합니다. 그 흑인은 안색이 "창백한" 죽은 자를 보았는데, 그가 자신을 가리키며 너는 이틀 안에 죽게 된다고 말했다는 것입

---

23 Bulmer, "The aborigines of the tower Murray," *Royal Geographical Society of South Australia*, V, p. 13.

24 A. Ward, *The Miracle of Mapoon*, Londres, 1908. 이는 로스의 공동연구자 헤이 (Nicholas Hey)와 함께 관찰한 것이다.

니다.[25] 1864년 스티븐스라는 식물학자를 살해한 남자는 한 달 만에 감옥에서 굶어 죽었습니다. 죽은 스티븐스가 어깨 너머로 그를 노려봤다고 합니다.[26] 디에리족(Diéri)의 전설 하나 ― 이런 자료는 내가 보기에 자세히 관찰할 만합니다 ― 가 완벽하게 기록되어 있는데[27], 이 전설은 그들의 신성한 조상인 무라 완몬디나(Mura Wanmondina)가 어떻게 자신의 진영으로부터 버림을 받아 죽기를 원했고 마침내 죽게 되었는지를 들려줍니다. 무라 완몬디나는 자기 뼈를 불에 올려놓는 의식에 매료되었습니다. 그래서 그는 괴로워하면 할수록 더욱 즐거워했고 결국 원하는 대로 죽고 만 것입니다.

이런 강박관념과 질병의 치유에 관한 연구는 그 치명적인 결과에 관한 연구만큼이나 흥미로운 사실들을 보여줍니다. 개인은 축귀의식(逐鬼儀式)이나 저주를 푸는 주술이 행해지면 반드시 치유됩니다. 그렇지 않았을 경우 반드시 죽는 것처럼 말입니다.[28] 최근 의사를 포함한 두 명의 관찰자가 웡캉구루족(Wongkanguru)

25   James Backhouse, *op. cit.*, p. 105 (1850년경).

26   *Letters from Victorian Pioneers.*

27   Otto Siebert, *Dieri, Globus*, XCVII, 1910, p. 47, col. 2.

28   Newland, "Parkingi," *Roy. Geog. of S. Australian, II, p. 126.*

사람들이 어떻게 "죽은 자의 뼈"로 사망했는지 밝혔습니다. 그들은 매우 겁에 질려 있었습니다. 그 뼈를 찾으면 주술에 걸린 사람은 차츰 회복되고 그렇지 않으면 더 악화됩니다. 관찰자들은 "유럽 의학은 신뢰감을 불러일으키지 못한다. 그것은 아무것도 할 수 없다. 그것은 주술과 같은 범주에 속하지 않는다"[29]라고 말합니다. 우리는 카카두족(Kakadu) 한 노인이 위대한 생리학자이자 인류학자인 볼드윈 스펜서(Baldwin Spencer) 경에게 들려준 이야기를 모두 읽어야 합니다. 무카라키(Mukalakki)라는 한 젊은이가 자기 나이에는 먹지 못하게 되어 있는 뱀을 무심코 먹어 치웠습니다. 한 노인이 그 사실을 알아차리고, "왜 뱀을 먹었느냐? 너는 아직 어리지 않느냐 (…). 너는 이제 중병에 걸릴 것이다"라고 말했습니다.[30] 그는 매우 겁에 질려 "뭐라고, 내가 죽는다고요?"라고 대답했습니다. 그러자 노인은 "그래, 조금씩 조금씩 죽어갈 것이다"[31]라고 소리쳤다고 합니다. 15년이 지난 후 무카라키는 병에 걸리고 말았습니다. 한 늙은 주술사가 그에게 "무엇을 먹었는가?"

---

29 G. Aiston et G. Horne, *Savage Central Australia*, 1923, pp. 150~152.

30 Baldwin Spencer, *Natives Tribes of the Northern Territory of Australia*, Cambridge: Cambridge University Press, 1914, pp. 349~350.

31 여기서 터부의 물리적-도덕적 제재를 배가하는 저주가 나타난다.

2 _ 집단이 암시하는 죽음 관념이 개인에게 미치는 신체적 효과

51

라고 묻자 그는 기억을 더듬어 옛날에 있었던 일을 꺼냈습니다. 그 이야기를 듣고 주술사는 "그랬구나, 그럼 너는 오늘 죽을 것이다"[32]라고 대답했습니다. 그는 날이 갈수록 점점 더 몸이 나빠졌습니다. 남자 셋의 도움을 받아 겨우 몸을 지탱하고 있을 정도였습니다. 뱀의 영혼이 그의 몸에서 꽈리를 틀고 이따금 이마를 뚫고 나와 입속으로 들어가 휘파람 소리를 냈습니다. 정말 끔찍한 일이었습니다. 사람들은 유명한 주술사로부터 효과 좋기로 소문난 환생 비법을 구하려고 먼 곳까지 찾아 나섰습니다. 뱀과 무카라키의 경련이 점점 더 심해지고 있었을 때, 마침 모르푼(Morpun)이라는 이름의 주술사가 도착했습니다. 그는 사람들을 돌려보내고 잠자코 무카라키를 지켜보다가 신비로운 뱀을 발견했습니다. 그는 뱀을 붙잡아 약주머니에 넣고 자신이 사는 곳으로 가져갔습니다. 그리고 물웅덩이에 뱀을 집어넣고 그곳에 잠자코 있으라고 명령했습니다. 마침내 무카라키는 "무척 편안해진 것 같았다. 그는 많은 땀을 흘려가며 잠을 잤고 다음 날 아침 회복되었다. (…) 모르푼이 뱀을 잡으러 오지 않았다면 아마 죽었을 것이다. 모르푼만이 그 일을 할 수 있었다"라고 이야기는 전합니다.

32 이것은 저주의 반복이다.

몸 테크닉

휘트넬[33]에 따르면, 오스트레일리아 북부(이번에는 북서부)에 거주하는 부족들 사이에서 "랄로우(larlow)"(토템이 보관된 성소와 토템 의식)가 그와 같은 치료 효과를 나타내며 특히 어린 아이의 정신에도 효과가 있다고 합니다. 요컨대 신성하고 소중한 것과의 영적 교섭을 표현하고 회복하는 것이 중요합니다. 그러므로 디에 리족은 자신이 마법에 걸렸다고 생각하면 자기 씨족과 선조 무라위마(mura-wima)[34]를 기리는 성가(聖歌)를 부르거나 무적(無敵)의 선조가 불렀던 노래까지도 따라 부르며 위기를 모면하려고 합니다.[35] 벌머[36] 목사가 보고한 바에 따르면, 개종한 흑인의 장례식을 위해 작곡된 기독교 기원의 혼종적 성가에는 죽은 자가 그를 돕는 정령의 힘으로 죽음을 면했다는 구절이 나옵니다. 가이온(Guyon) 과 호위트(Alfred William Howitt)[오스트레일리아의 인류학자이자 박물학자]는 민다리(Mindari)라는 입문식과 속죄의식 및 대항 주술 의례와 인티치우마 의례에 관한 해석을 내놓았는데, 오스트레일

---

33   John G. Whitnell, *Customs and Traditions of Aboriginals of Western Australia*, Roebourne, 1904, p. 6.

34   O. Siebert, *op. cit., Globus*, XCVII, 1910, p. 46, col. II.

35   워담파(Wodampa)의 노래를 가리킨다. *ibid.*, p. 48, col. I.

36   Bulmer, "The aborigines of the tower Murray," p. 43.

리아 중부에서 활동한 뛰어난 민족지학자 중 한 명[37]도 이들의 해석을 지지하고 있습니다. 그에 따르면 이 의식과 의례의 의미는 사람들에게 그들이 만물과 평화롭게 지내고 있음을 보여주는 것이었다고 합니다.

이들의 정신 상태는 말의 효력에 대한 믿음과 불길한 행위가 안고 있는 위험에 대한 믿음으로 가득 차 있습니다. 또한 영혼의 평화라는 모종의 신비주의에도 무한히 사로잡혀 있습니다. 이렇게 해서 생명에 대한 나약한 믿음이 완전히 뒤집히거나 주술사나 수호 정령처럼 그 자체 집합적 성격을 갖는 조력자의 도움으로 균형을 회복하게 됩니다. 그들의 힘으로 균형이 파괴되듯이 말입니다.

3. 뉴질랜드 및 폴리네시아 사실의 여러 유형

지금부터 살펴볼 것은 마오리족을 비롯한 폴리네시아 전체의 민족지에서 나타나는 공통점이기도 합니다. 트리기어(Edward

---

37 Worsnop, *Prehistoric Arts, Journal of the Royal Geographical Society of South Australia*, 1886, II. (아쉽게도 저자가 쓴 것은 거의 없다).

Tregear)[뉴질랜드에서 활동한 영국 태생의 인류학자이자 언어학자][38]가 이 방면에서 최고의 전문가 중 한 사람으로 꼽히는데, 그가 종종 논의했던 것도 바로 이 주제입니다. 마오리족의 신체 지구력은 뛰어나기로 유명합니다. 물론 이천 년 전 우리 조상들의 지구력에는 미치지 못하겠지요. 그렇긴 해도 마오리족의 치유력은 대단했다고 합니다. 트리기어는 몇 가지 주목할 만한 사례를 제시합니다. 예를 들어, 어떤 남자가 1843년 포탄을 맞아 턱을 전부 잃었는데도 아주 오랫동안 생존했습니다. 이러한 저항력과 극히 대조되는 것은 죄를 짓거나 주술에 사로잡히거나 이런저런 단순한 일로 병에 걸렸을 때 나타나는 허약함입니다. 걸출한 노(老)작가 자비스 하와이가 이 상태를 훌륭한 용어로 설명했습니다. 즉, 주술에 걸린 결과 "삶의 의욕을 상실"하고 "치명적인 낙담"과 "순수한 무기력[39]"만으로 죽음에 이른다는 것입니다. 유럽인이 도래하기 전, 마르키즈 제도에는 "우리는 죄인이다. 그래서 우리는 죽을 것이다"라는 속담이 있었습니다. 두 극단 중 하나가 의식 전체를 지배할 뿐 그 중간은 없습니다. 즉, 한편에는 신체적 강인함, 쾌활함, 확고

---

38   *Journal of the Polynesian Society* (이하에는 *J.P.S.*로 표기함), II, pp. 71~73; Edward Tregear, *Maori Race*, 1881, p. 20 이하 참조.

39   원문에는 "삶에 대한 의욕의 결여"라고 적혀 있다. Jarvis Hawaii, p. 20, p. 191 참조.

2 _ 집단이 암시하는 죽음 관념이 개인에게 미치는 신체적 효과

함, 과격함, 순박함이 있으며, 다른 한편에는 슬픔과 모욕으로 갑자기 생겨나 끝없이 계속되는[40] 흥분, 마찬가지로 별안간 발생해 무한히 계속되는 의기소침, 버림받았다는 비탄, 절망 그리고 마침내 죽음의 암시가 있습니다.[41] 뉴먼[42]은 죽음의 암시가 사망률에까지 영향을 미친다고 봅니다. 그는 이렇게 말합니다. "많은 마오리족이 대수롭지 않은 질병으로 숨지는 것은 틀림없는 사실이다. 병에 걸리면 맞서지도 않고 병환으로 초췌해지면 견디려고도 하지 않고, 그저 담요나 뒤집어쓰고 누운 채 죽음이 다가오기만을 기다리기 때문이다. 그들에게 기력이라곤 조금도 없는 듯이 보인다. 친구들도 그들의 말을 귀담아듣지 않고 아무런 조치도 취하지 않고, 어찌할 도리 없이 그저 운명이 시키는 대로 그들을 묵묵히 지켜볼 따름이다." 어쨌든, 마오리족은 스스로 죽음의 원인을 다음과 같이 분류합니다.[43] a) 정령에 의한 죽음(터부를 위반했거나 주

40 코렌소(Colenso)는 이 상태가 살해 혹은 자살에까지 이른다고 말한다.

41 코렌소가 기술한 이러한 정신 상태의 요약(1840년경 수집한 자료), in *Transactions of the New-Zealand Institute*, I, p. 380을 보라.

42 Newman, "Causes leading to the extinction of the Maori," *Trans. New-Zealand. Institute*, XIV, p. 371.

43 Elsdon Best, *in Goldie*, "Maori Medical Lore," *Trans. New-Zealand. Institute*, XXXVII, p. 3 그리고 XXXVIII, p. 221을 보라.

술 등에 의해), b) 전쟁으로 인한 죽음, c) 자연적인 노화로 인한 죽음, d) 사고나 자살에 의한 죽음이 바로 그것입니다.[44] 그리고 첫 번째 원인을 가장 중요하게 여깁니다.

그러므로 폴리네시아의 신앙 체계는 오스트레일리아와 똑같습니다. 다만 신앙의 결과, 따라서 그 강도만 차이를 나타냅니다. [폴리네시아에서는] 순전히 도덕적이고 종교적인 관념이 지배적입니다. 주문과 주술 걸기도 오스트레일리아의 경우와 같은 역할을 합니다. 그런데 폴리네시아 원주민들의 정신 상태는 복잡하고 음흉한 구석이 있어도 소란에 빠지면 그 결과에 따라 잔인하고 단순해지기에, 이들의 정신 상태가 많은 경우 죽음의 원인으로 작용합니다. 어쨌든 이 두 유형의 연속성을 증명하는 몇 가지 사실을 살펴보겠습니다.

우선, 폴리네시아 토테미즘은 특히 뉴질랜드에서 거의 다 사라졌지만, 특정 사인(死因)을 나타내는 방식에는 분명한 흔적을 남겼습니다. 마리너가 기록한 바에 따르면, 통가에서[45] 한 사내가 금

---

44 마오리족은 자살과 치명적인 우울증을 혼동하는 잘못을 저지르지 않는다. 그러나 투호족(Tuhoe) 신학자들에 의해 이루어진 이러한 구분에서 실제로 있지도 않은 정확성을 구할 필요는 없다. 이렇듯 전쟁에서 입은 상처도 마법이나 죄의 결과이기도 하다.

45 William Mariner and John Martin, *Account of the Tonga Islands*, vol. II, (1827), p. 133.

기시된 거북이를 먹고 나서 간이 부풀어 올라 죽었다고 합니다. 특히 사모아 제도에서는 (토템 신앙의) 터부를 위반하면 복수를 당하는데, 이때 잡아먹힌 토템 동물은 뱃속에서 말을 하고 움직이면서 사람을 파괴하고 먹어 치워 죽입니다.[46] 주술에 걸려 죽는 사람들도 매우 많습니다. 마리너는 어떻게 한 여자(정령)가 젊은 추장의 혼에 달라붙었는지 설명합니다.[47] 토웅가[tohunga, 주술사를 가리키는 토속어]가 이 추장에게 이틀이 지나지 않아 죽을 것이라고 말했는데, 정말로 그는 죽고 말았습니다. 어떤 지역에서는 사악한 신이 주술에 걸려 죽기도 합니다.[48] 한편 (죽을 것이라는) 징조에 따라 사망하는 사례도 빈번합니다.[49]

그런데 특히 마오리족이 거주하는 지역에서는 주로 "죽을죄"로 인한 죽음이 빈번하게 발생합니다. 더구나 죽을죄라는 표현은 마오리족 자신이 쓰는 말입니다. 이에 관한 수많은 기록은 일반적

---

46 (특히 살레바오(Salevao)[개의 몸 안에 거주하는 전쟁의 신] 신앙에 관해서는) George Turner, *Samoa*, 1884, pp. 50~51 참조. 뉴질랜드에서 이 관념은 도마뱀 숭배를 어겼을 때 따르는 제재에만 적용되는 것 같다. Goldie, *op. cit.*, p. 17 참조.

47 William Mariner and John Martin, *op. cit.*, vol. I. pp. 109~111.

48 (Mythe Ngai Tahu). H.-T. (De Croisilles), *in J.P.S.*, X, 73.

49 Elsdon Best (Omens), *in J.P.S.*, VII, p. 13. 이러한 죽음과 강박관념 등에 관해서는 다음을 보라. White, *Maori Customs*, etc., 1864, Goldie, *Medical Lore*, p. 7.

으로 매우 상세하며, 각각의 사실에 대응하는 신화도 많이 포함하고 있습니다. 가령 영혼은 꼼짝 못하게 된다, 영혼은 밧줄과 그물, 매듭에 묶여 결박당한다, 영혼은 사라졌다, 영혼은 붙잡혔다, 영혼은 몸에 깃든 유일한 정령이 아니다, 영혼은 자신을 따라다니는 무언가에 사로잡힌다, 영혼은 몸을 침범하거나 영혼 자신을 침범하는 동물이나 사물에 의해 훼손된다는 식이지요. 분명 신경학자와 심리학자는 이러한 표현 전체에 익숙할 겁니다. 하지만 마오리족은 그것을 전통적으로 또 개별적으로 확실히 널리 사용하고 있습니다.

그런데 원인에서 결과를 너무 떼어놓고 생각해서는 안 됩니다. 마오리족은 도덕과 양심의 문제에 민감하고 조심성이 많은 사람들입니다. 에르츠는 마오리족 정신세계의 복잡하고 전형적인 메커니즘을 훌륭하게 분석했는데, 나는 그 분석에서 두 가지 사항만 지적하겠습니다. 이들에게 주술로 인한 죽음은 이전에 저질렀던 죄의 결과로 간주되는 경우가 매우 흔하며, 때로는 오직 그 결과로만 발생한다고 여겨지기도 합니다. 반대로 죄로 인한 죽음은 그 죄를 범하도록 유인한 주술의 결과로만 여겨질 때가 잦습니다.[50] 이들에게는 불길한 예감과 징조, 영혼들("아이투(aitu)", "아

---

50 주술을 뜻하는 마쿠루(makulu)와 유도된 죄를 뜻하는 파후누(pahunu)에 관해서

투아(atua)")이 여전히 무질서하게 뒤섞여 있습니다.[51] 이들은 정말로 양심적 고통을 겪고 있기에 치명적인 우울증 상태에 빠져들며,[52] 이 고통 자체는 죄를 저질렀거나 뒤집어썼다고 느끼게끔 유도하는 죄의 주술로 생겨납니다.[53] 우연하게도 한 의사가 오래전부터 이 사실들을 연구해왔습니다. 바로 골디 박사가 최고의 민족지학자 중 한 명인 엘스던 베스트의 도움으로 이 사실들을 비교까지 해가며 이론화했습니다.[54] "급속한 결과를 가져오는 치명적

는 Tregear, *Maori Race, op. cit.*, p. 201를 보라.

51   Tribus de Tuhoe. E. Best, "Omens and Superstitious Beliefs," *J.P.S.*, VII, p. 119 및 이하 참조. 보조 정령인 아투아가 더 강하지 않으면, 그는 "쇠약해진다(waste away)".

52   와카파후누(whakapahunu), 즉 '죄를 범하다'에 관해서는 E. Best (Tuhoe), "Maori Magie," *in Trans. New- Zealand. Institute*, XXXIV, p. 81를 보라. "Arts of War," *J.P.S.*, XI, 52에서는 마법에 걸린 자의 "양심을 찌른다"고 한다.

53   "죄를 짓게 만드는 것'(whakahehe)에 관해서는 Edward Shortland, *Traditions and Superstitions of the New Zealanders*, 1856, p. 20을 보라.

54   Goldie, "Maori Medical Lore," pp. 78~79. 비교는 앤드류 랭(Andrew Lang)의 *Myth, Ritual and Religion*에서 가져온 것으로 여기에는 랑의 조카 앳킨슨(Atkinson)이 카낙족(canaque)에 관해 언급한 자료, 피손(Lorimer Fison) 및 호위트(Alfred William Howitt)의 정보제공자가 피지와 오스트레일리아에 관해 언급한 자료 그리고 고드링턴(Godrington)이 멜라네시아에 관해 언급한 자료가 포함되어 있다. 위의 책 80쪽에서 골디는 타나토마니아라는 용어를 사용하면서 이 용어가 적용될 수 있는 사례는 무한하다고 언급한다. 하와이에서 어느 유럽인이 한 마술사에게 나도 마법사라고 말하자, 그 마술사는 쇠약해져 죽었다고 한다. 1847년 샌드위치 제도(하와이)에서 전염병이 창궐했을 때 많은 사람이 질병뿐 아니라 공포와 치명적인

인 우울증"이라는 제목의 한 장(章)에서 골디 박사는 사람들이 스스로 "죽기를 원하는"(will to death) 현상을 소개합니다.[55] 그가 인용한 몇 가지 사실을 살펴봅시다. 배리 튜크 박사(나중에는 경(卿)이라는 호칭을 얻었습니다)는 헤라클레스처럼 건장한 체격을 지녔고 건강에도 아무 문제가 없던 한 사내를 알고 있었는데, 그는 이 "우울증"으로 사흘도 안 돼 죽고 말았습니다. 또 다른 한 남자는 외모도 출중하고 "흉부 기관에 아무런 손상도 입지 않았는데", 사는 일에 너무 상심한 나머지 자신이 곧 죽을 것이라고 말했다고 합니다. 실제로 그는 열흘 만에 죽고 말았습니다. 골디 박사가 조사한 사례 대부분에서 죽음에 이르는 기간은 2~3일에 불과했습니다.

다른 사례는 골디 박사가 쇼트랜드(Edward Shortland)[뉴질랜드에서 활동한 영국 태생의 의사이자 언어학자]와 타일러(Richard Tylor)[뉴질랜드에서 활동한 영국 태생의 선교사], 그 밖의 사람들로부터 인용한 역사적 사실입니다. 이 사실은 사람들이 보는 앞에서

우울증에 걸렸다(쓰러졌다). 사람들이 이 전염병에 영혼을 보내고(okuu) 죽었기 때문에, 이 전염병은 오쿠(Okuu)라고 불렀다. 마찬가지로 피지에서도 전염병이 돌면 사람들은 자신뿐 아니라 타인들도 구할 수 없게 되는데, 그들은 타콰야(taqaya), 즉 짓눌린 자, 절망한 자, 겁에 질린 자가 되어 삶의 모든 희망을 버렸다.

55   *Ibid.*, p. 77, p. 81.

2_ 집단이 암시하는 죽음 관념이 개인에게 미치는 신체적 효과

일어났습니다. 늙은 추장 쿠쿠타이(Kukutai)가 총독의 배를 타고 가다가 노스 케이프(Cap Nord)와 죽은 자들의 나라에 들어서는 입구로 알려진 절벽에 이르렀습니다. 그러자 쿠쿠타이는 선교사를 포함해 승선했던 사람들의 속옷을 던졌고 이어서 자신의 의복마저 던지며 영혼에게 자비를 구했습니다. "그가 얼마나 벌벌 떨었던지 사람들은 이러다가 그가 죽지 않을지 조마조마했다"고 합니다.

이러한 구체적인 사실에 더하여 마오리족의 문학적 자료까지 들고나오는 것을 이해해주시기 바랍니다. 내가 소개하려는 것은 키코코(kikokko)의 딸이 부르는 유명한 노래인데, 이 노래는 병든 사람의 마음이 어떠한지 잘 전해줍니다.[56]

빛나는 태양이여, 너는 여전히 하늘에 머물고 있구나.

너의 빛으로 푸키히나우(Pukihinau)의 꼭대기를 붉게 물들이고,

태양이여, 계속 하늘에 남아 우리와 함께 머물기를!

(…) 슬프도다. 당신(어머니)은 아무 말도 할 수 없다.

---

[56] 골디가 옮겨 쓴 것(79쪽)은 완전한 원문도 아니며, 데이비스(C. O. Davis)가 번역한 것(*Maori Mementos*, p. 192 (원문), p. 191 (번역문))도 아니며, 무엇보다도 로베르 에르츠가 작성한 것도 아니다. 골디는 태양에 대한 호소, 거의 에우리피데스[고대 그리스의 비극 시인]적이라 할 수 있는 호소를 생략했다.

휘르(전쟁과 징벌의 신)는 마음먹은 대로,

도끼로 내 뼈를 모두 부러뜨렸으니,

일격에 줄기에서 떨어져 나가

부러지는 소리를 내며 조각나버린 잔가지처럼

나는 산산이 조각나버렸구나(…).

(…) 나는 해냈도다. 나는 죽음을 불러들였다.

신에게서 나온 나 자신에게(에르츠의 번역)

그리고 지금 여기, 나는 아무런 도움도

받지 못한 채 버려져 있구나.

쇠약해지고 버림받아	(에르츠의 번역이 더 낫다)
몸은 고통에 지쳐	(영혼 없이)
	(짓눌려져 지쳐버린 채로)
	(에르츠의 번역이 더 낫다)
나는 죽기 위해 눕고 말았다	(그래서 죽기 위해)
	(몸을 돌렸다)[57]

골디 박사는 다음과 같은 결론을 내립니다.

57　또 다른 노래는 주술에 의해 몸 안에 이식된 동물에 대한 강박관념을 묘사한다.

2_ 집단이 암시하는 죽음 관념이 개인에게 미치는 신체적 효과

다소 오랜 기간에 걸친 극심한 우울증과 삶의 의욕 상실 이후 죽음에 이르게 되는 이러한 숙명적 경향은 매우 자주 관찰되었는데, 이는 미신적 공포가 유달리 예민한 신경조직에 미치는 영향에 기인한다(77쪽)(…).

내 생각에 아무도 이 기이한 형태의 우울증으로 인한 죽음의 동기를 설명하려 하지 않았다. 통상적으로 희생자가 "자살한다"라고 가정하지만, 우리는 이 치명적 결과를 곧이곧대로 야만인의 의지력 탓으로만 돌릴 수는 없다. 마오리족 정신의 주된 특징은 불안정성이다. 그들의 정신적 균형은 나날의 수천 가지 사건에 좌우된다. 그들은 외적 상황의 장난감이다. 그들의 두뇌는 장기간에 걸쳐 질서정연하게 완성되는 도덕적·지적 교양을 받은 적이 없으므로 고도로 문명화된 민족의 특성인 정신적 균형을 찾아볼 수 없다. 그들은 자신을 제어할 수 없다. 매우 하찮은 이유로 울기도 하고 웃기도 한다. 기쁨이나 슬픔이 폭발했다가 순식간에 사라질 수도 있다(…)(골디는 여기서 많은 사례를 듭니다)

'태평양의 히스테리'라고 불리는 이 기이한 정신 상태에서, 환자는 우울증 전조기(前兆其)를 거친 후 갑자기 흥분상태에 빠져 칼이나 흉기를 움켜쥐고 마을로 돌진한다. 그리고 만나는 모든 사람을 난도질하면서 기진맥진해 쓰러질 때까지 쉬지 않고 온갖 상처를 입힌다. 칼이 없었다면 절벽 끝으로 가 바닷물에 몸을 내던져 구조되거나 익사할 때까지 수 마일을 헤엄칠지도 모른다. 급작스럽고 심각한 우울증이라는 정반대 상태가 그렇듯이, 이 격렬한 히스테리성 흥분도 모든 섬 사람에게 공통된 것이다(…). 이어서 살펴볼 것은 장례식을 치른 후 행해진 교령(交靈)의식[망자의 영혼을 불러오는 의식]의 비통한 결과에 관한 서술이다. 어느 죽은 남성의 여동생 중 한 명이 그 영혼의 목소리를 듣고 흥분한 끝에 탈진해 쓰러졌는데, 그를 따르기로 마음먹고 몇 시간 뒤 자살했다고 한다.

이처럼 이들은 매우 감정적이고 뇌의 평형상태가 불안정한 탓에 과도한 흥분이나 심각한 우울증에 빠지기 쉽다. 이들은 죽음에 대한 두려움이 없고 생명 유지 본능이 놀라울 정도로 약하다. 또한 극히 미신적이어서 악한 신과 사술사(邪術士)가 무한한 악의 힘을 지녔다고 믿는다. 이러한 정신적 특징이 현저하게 나타나는 누군가가 자신을 강력한 신이나 토웅가(tohunga, 주술사)의 희생자라고 확신하면, 그는 과도한 신경 쇼크로 신경계 전체가 "마비"되어 버린다. 그는 이때 닥치는 혼미한 상태에 저항할 수도 없다. 그는 자기만의 생각에 틀어박힌 채 자신이 지은 죄가 무거워 상황이 절망적이라는 관념에 사로잡힌다. 그는 아무런 희망도 없이 망상을 수반하는 우울증의 희생자가 된다. 지독한 망상에 빠져 꼼짝도 못하는 상태에 내몰려, 신들을 분노케 했으니 죽게 될 것이라고 확신하는 것이다. 그는 이제 외부 사물에도 아무런 관심이 없다. 병세는 형편없이 나빠지고 신경쇠약은 더욱 악화한다. 신체 에너지가 손실되면서 부차적인 쇠약증이 점차 몸 전체로 퍼져나간다. 생체기능은 저하되고 심장은 쇠약해지고 불수의 근도 둔해져 마침내 완전한 "무력증", 즉 죽음이 찾아온다. 균형을 잃은 정신은 엄습하는 미신적 공포의 충격에 싸워보지도 못하고 힘없이 굴복하고 만다.(79~81쪽)

나는 이러한 결론을 여러분의 판단에 맡길 따름입니다. 의학적 관점에서는 더 이상 사용되지 않는 언어로 작성되었더라도, 골디가 내린 결론은 여전히 중요하며 그 가치는 분명 변하지 않을 것입니다.

게다가 이런 사실의 규모를 과장하기는 어려울 것입니다. 나는 이미 알고 있는 사실들 가운데 몇 개만 인용했을 뿐입니다. 이제 논의를 매듭짓겠습니다. 가장 중요하고 가장 비극적인 사실 중 하나는 채텀(Chatham) 제도에 사는 모리오리족의 일화입니다. 1835년 마오리족에 의해 정복당하자 모리오리족의 부족원 수는 2000명에서 25명으로 급감했습니다. 그들 중 한 명인 통역사 샹드는 모리오리족이 어떻게 남쪽 섬으로 이주했으며 그들을 정복한 마오리족이 무슨 말을 했는지 들려줍니다.[58]

---

58   Shand, *Morioris*, J.P.S., III, p. 79.

마오리족은 이렇게 말했다고 합니다. "모리오리족의 수가 이처럼 줄어든 것은 우리가 그들을 죽였기 때문이 아니다. 노예로 삼은 후 우리는 아침이면 그들이 각자의 거처에서 죽어있는 모습을 매우 자주 목격했다. 모리오리족 고유의 타푸(tapu)[금지된 것을 의미하는 폴리네시아 용어]를 위반했기에 죽은 것이다(그들은 타푸를 더럽히는 행위를 강요받았다). 그들은 극히 타푸적인 민족이었다."

구약성서 욥기에 나오는 유명한 구절[59]도 우리가 비정상이라고 여기는 심성과 너무나도 일치합니다. 하지만 당시 문명에서는 비정상이라고 여겨지지 않았습니다.

그분께서는 사람들의 귀를 여시고 환영으로 그들을 질겁하게 하십니다. 이렇게 그의 목숨을 구렁에서 보호하시고 그의 생명이 수로를 건너지 않게 하신답니다. 그는 잠자리에서 고통을 당하고 뼈마디가 끊임없이 쑤시는 형벌을 받아 그의 생명은 음식을 지겨워하고 그의 식욕은 바라던 요리도 싫어하게 된답니다. 그의 살은 말라 마침내 볼 수조차 없고 보이지 않던 그의 뼈들은 앙상하게 드러난답니다. 그리하

---

59   욥기 XXXII, 19, 21 (17절도 참조하라).

여 그의 목숨은 구렁에, 그의 생명은 죽음의 사자에게 다가갑니다.[60]

이상의 사실들만 언급하고자 합니다. 정신병리학적·신경병리학적 논의는 따로 말씀드리지 않겠습니다. 목격자들은 모두, 심지어 의사들조차, 이 경우에 뚜렷한 상처를 찾아볼 수 없으며 청진 등으로 감지할 수 있는 질병도 발견되지 않는다고 말합니다. 나도 잘 모르겠습니다. 어쨌든 관찰이 급선무겠지요. 여러분이라면 시도해볼 수 있을 것입니다.

처음에 약속했던 것처럼, 사회학자로서 나는 많은 사례를 통해 발견했던 한 가지 방향을 여러분에게 제시하는 것으로 제 역할을 다했다고 생각합니다. 이 사례들은 아무리 비정상적으로 나타난다고 해도 모두 정상적인 사례들입니다.

더욱이 내 생각에 그 사례들은 시급히 연구되어야 합니다. 그것들은 인간의 사회적 본성과 생물학적 본성이 매우 직접적으로 서로 교차함을 드러냅니다. 자기보존의 본능이라고 불리는 것을 포함해 의식의 모든 것을 와해시키는 이 갑작스러운 공포는 무엇

---

60 (옮긴이) 모스는 욥기 32장 19절~21절을 인용했다고 밝혔지만, 이 구절은 욥기 33장 16~22절에 해당한다. 이 구절의 번역은 『가톨릭 주석 구약성서』(성요셉출판사, 1999)를 따랐다.

보다도 생명 그 자체를 와해시켜 버립니다. 심리적 연결고리, 즉 의식은 분명하고 확고합니다. 그러나 그다지 강하지는 않습니다. 그래서 주술에 걸렸거나 죽을죄를 저지른 개인은 자기 삶의 통제권과 선택권, 자율성과 인격을 모조리 상실하게 됩니다.

　더구나 이 사실들은 반드시 연구해야 할 "총체적" 사실에 속합니다. 여기서 심리적인 것 혹은 나아가 심리-신체적인 것을 고찰하는 것만으로는 충분하지 않습니다. 그러한 고찰은 심지어 몸에서 나타나는 복합증상을 설명하기에도 충분하지 않습니다. 사회적인 것도 함께 고찰해야 합니다. 역으로 사회적 삶이라는 우리 삶의 단편을 고찰하는 것만으로는 충분하지 않습니다. 여기서 우리는 뒤르켐의 이중적 인간(Homo Duplex)[61]이 어떻게 더 정확하

61　(옮긴이) 뒤르켐의 사회학은 개인들을 초월하는 도덕적 실체로서 사회가 존재한다는 가정에 바탕을 둔다. 이 가정에 따라 사회는 개인들의 단순한 합으로 치환될 수 없는 '전체'로 이해되며, 개인들은 그 전체의 우월한 힘의 작용을 받고 그것을 개인화할 줄 아는 '부분'으로 간주된다. 이러한 전체/부분의 이원성은 인간 자신을 개인적 존재와 사회적 존재로 분할하는 근거가 되는데, 뒤르켐의 이중적 인간은 바로 이런 맥락에서 탄생한 개념이다. 개인적 존재는 인간 유기체에 근거하며 이 유기체의 모든 기능은 오직 개인만을 위한 것으로 이기적 성향에 의해 지배된다. 반면 사회적 존재는 유기체의 속박에서 벗어난 고매한 실체로서 개인에게 자기초월적 목적에 따라 사고하고 행위하게 해주는 도덕적 의무를 부여한다. 따라서 인간의 정신적 삶은 이기적 욕구의 구심력과 사회지향적 원심력이라는 두 가지 상반된 힘으로 이루어진다. 이러한 이중성은 이타주의/이기주의, 성스러움/속됨, 집단표상/개인표상, 개념/감각적 지각 등 뒤르켐 고유의 여러 사회학 개념을 지탱하는 원리이자 사회와 개인의 관계 및 사

게 자리매김하는지, 그리고 그 이중성이 어떻게 밝혀지는지를 볼 수 있습니다.

마지막으로 의식의 총체성과 행위의 총체성을 연구한다는 이 중적 견지에서 나는 이 사실들이 흥미롭다고 생각합니다. 이 사실 들을 통해 부적절하게도 원시적이라고 불리는 사람들의 "총체성" 과 우리 자신, 즉 각자 인격을 느끼고 집단성에 저항하는 오늘날 우리가 겪는 "해리(解離) 현상"을 대조할 수 있습니다. 오스트레일 리아 원주민과 마오리족의 모든 성격과 삶이 불안정하다는 것은 분명한 사실입니다. 그런데 골디가 말했던 이러한 집단적 또는 개 인적 "히스테리"는 우리에게는 이제 병원이나 시골뜨기에게서 일 어나는 일일 뿐입니다. 히스테리는 우리의 도덕적 견고함이 서서 히 벗어 던졌던 외피였습니다.

끝으로 이러한 사실들은 사회학적 증명의 모델에 해당하는 어 느 책에서 뒤르켐이 제시했던 아노미적 자살 이론을 뒷받침하고 확대한다는 점을 지적하고자 합니다.[62]

회적인 것의 개인화라는 주제를 심층적으로 제기하는 핵심 개념이 된다.

62   Émile Durkheim, *Le Suicide*, Paris: Félix Alcan, 1897.

3
몸 테크닉[1]

1   이 글은 모스가 1934년 5월 17일 프랑스 심리학회에 발표한 강연문으로
    1936년 『정상 및 병리 심리학 저널』(32권)에 게재되었다.

1. 몸 테크닉 개념

내가 [강연 제목을] 굳이 몸 테크닉들로 명명한 이유는 몸의 **여러 가지** 테크닉에 관한 연구와 설명, 간단명료한 묘사로부터 몸테크닉 **일반**이론을 구성할 수 있기 때문입니다. 나는 몸 테크닉을 사회마다 사람들이 전통적으로 자기 몸을 사용하는 방법으로 해석합니다. 어떤 경우이든 구체적인 것에서 추상적인 것으로 나아가야지, 그 반대가 되어서는 안 됩니다.

나는 여러분에게 내가 강의했던 내용 일부를 전하려고 합니다. 그것은 내가 기술민족학(記述民族学) 수업에서 되풀이했고 (그 **요약본**과 **민족지학자를 위한 교본**을 담은 서적이 출간될 예정입니다[2])

---

2   (옮긴이) 1947년 출간된 『민족지 교본(Manuel d'ethnographie)』을 가리킨다. 이 교본은 사회현상을 관찰하고 분류하기 위한 방법론에 관한 책으로 모스의 강의를 수강한

파리 대학의 민족학 연구소에서 강의하면서 여러 번 시도했던 것으로, 다른 곳에서는 찾아볼 수 없는 내용을 담고 있습니다.

자연과학이 발전할 때 그것은 구체적인 것을 향해서만, 더구나 항상 미지의 것을 향해서만 발전합니다. 그런데 미지의 것은 여러 학문의 경계에 위치하며, 그 경계는 괴테가 말했듯이 교수들이 "서로 헐뜯는" 곳입니다(잡아먹는다는 단어를 쓴 걸 보니 괴테는 그리 점잖지 않았던 모양입니다). 보통 이렇게 경계가 불명확한 영역에 긴급한 문제가 숨어 있습니다. 게다가 이 미개척지에는 어떤 낙인이 찍혀 있습니다. 현존하는 자연과학에는 볼썽사나운 항목이 늘 있기 마련입니다. 어떤 사실들에 관한 지식이 아직 개념화되지 않았고 그 사실들도 유기적으로 분류조차 되지 않았기에, 그런 일군의 사실들에 "기타(其他)"라는 무지의 푯말이 세워지는 계기가 항상 있습니다. 그런데 바로 그곳을 파고들어야 합니다. 확실히 그곳에 캐내야 할 진리가 있습니다. 왜냐하면 우리가 무지하다는 사실을 우리 자신이 알기 때문이며, 또한 그런 사실이 상당히 많다는 것을 우리 스스로 절감하기 때문입니다. 이 "기타" 항목은 민족

학생들의 강의 노트를 기반으로 만들어졌다. 이 교본은 사회형태학, 기술, 놀이, 조형예술, 치장, 음악, 춤, 노래, 시, 경제적 현상, 법적 현상, 도덕과 종교에 이르는 광범위한 대상을 관찰하고 분류하는 방법을 다루고 있다.

몸 테크닉

지학에서 참으로 기묘한 범주로 취급되었습니다. 그래서 여러 해 동안 기술민족학 강좌에서 나는 "잡다하다"라는 불명예와 오명이 씌워질 것을 각오하지 않고서는 수업을 진행할 수 없었습니다. 나는 걷기나 수영 같은 유형의 모든 활동이 사회마다 특수하다는 것을 잘 알고 있습니다. 즉 폴리네시아 원주민은 우리처럼 헤엄치지 않고 우리 세대도 지금 젊은 세대처럼 헤엄치지 않았다는 사실 말입니다. 그런데 이런 사실은 도대체 어떤 사회현상이었을까요? 그것은 바로 "잡다한" 사회현상이었습니다. 이런 분류명은 매우 불쾌한 것이어서 그 명칭을 언급해야 할 때마다, 그리고 그 중간중간에 종종 나는 이 "잡다함"에 대해 생각하곤 했습니다.

몸 테크닉 개념을 구체화하기 위해, 내가 어떤 기회에 이 일반적 문제를 뒤쫓았고 어떻게 그것을 명확하게 제기할 수 있었는지 여러분 앞에서 늘어놓더라도 이해해 주시기 바랍니다. 그것은 의식적으로 그리고 무의식적으로 취해진 일련의 행보였습니다. 먼저, 나는 1898년에 어떤 사람을 알게 되었습니다. 그 사람 이니셜은 지금도 잘 기억하지만 이름은 아무리 생각해도 기억이 나지 않습니다. 굳이 그 이름을 확인하려고도 하지 않았지요. 그는 당시 간행 중이던 1902년 판『대영백과사전』에 "수영"에 관한 훌륭한 글을 작성했습니다(그 후 두 번째 판에 실렸던 "수영" 항목은 그다지 좋지는 않았습니다). 그는 나에게 이 문제에 관한 역사적이고 민족지학적인 흥미를 일깨워주었습니다. 그것이 출발점이자 관찰의 틀이었습니다. 그 후 ─ 이번에는 스스로 알아차렸습니다 ─ 나는 우리 세대가 평생 익혀왔던 수영 테크닉에 변화가 생겼음을 깨달 았습니다. 한 가지 예를 들면 우리 심리학자, 생물학자, 사회학자는 모두 이 문제를 즉시 이해할 수 있을 겁니다. 예전에 우리는 수영을 익힌 후에 잠수하는 법을 배웠습니다. 잠수를 배웠을 때는 눈을 감았다가 물속에서 눈을 뜨는 법을 익혔지요. 그런데 오늘날 수영법은 이와는 정반대입니다. 모든 훈련은 아이가 물속에서 눈을 뜨는 데 익숙해지도록 가르치는 것에서 시작됩니다. 따라서 아이들은 수영을 배우기 전, 위험하지만 본능적으로 눈을 감는 반사 행동을 통제하는 방법부터 익힙니다. 무엇보다도 물에 익숙해지는 방법, 두려움을 억제하는 방법을 배우는 것이지요. 그렇게 해서 어느 정도 자신감이 생기면 물에서 뜨는 방법과 헤엄치는 방법을 배웁니다. 이렇듯 새로운 잠수 테크닉과 잠수 교육 테크닉이 우리 시대에 발견된 것입니다. 우리는 그것이 실제로 테크닉 교육이며, 모든 테크닉이 그러하듯 수영에도 테크닉 교육이 있음을 알 수 있습니다. 한편, 우리 세대는 여기서 수영 테크닉이 완전히 변했음을 똑똑히 봤습니다. 자유형 수영법이 평영을 대체한 것을 본 것이지요. 게다가 사람들은 물을 삼키고 내뱉는 테크닉도 잃어버렸습니다. 우리 세대는 수영 선수를 일종의 증기선(蒸氣船)으로 여겼지만 지금은 그렇지 않습니다. 어리석게 보여도 나는 여전히 예전의 동작을 그대로 따릅니다. 나는 나의 테크닉에서 벗어날 수 없습니다. 바로 이것이 몸의 특정 테크닉, 우리 시대에 양성된 체조술입니다.

그런데 이런 특수성은 모든 테크닉의 공통된 특징입니다. 전쟁 [1차 세계대전] 당시 나는 테크닉의 이러한 특수성을 보여주는 수많은 사실을 관찰할 수 있었습니다. 삽을 사용하는 방법도 그중 하나입니다. 나와 함께 근무했던 영국 군인들은 프랑스 삽을 사용할 줄 몰랐습니다. 그래서 영국 사단과 프랑스 사단이 교대로 주둔할 때면 삽 8천 개도 함께 교체해야만 했고 그 반대의 경우에도 마찬가지였습니다. 이는 손재주가 얼마나 서서히 습득되는지를 분명히 보여줍니다. 엄밀한 의미의 모든 테크닉에는 고유한 형식이 있습니다.

사실 모든 몸의 자세도 마찬가지입니다. 각 사회는 자기 고유의 관습을 가지고 있습니다. 같은 기간에 나는 군대마다 차이가 있음을 알아차리게 될 기회를 여러 차례 얻었습니다. 행진에 관한 일화 하나를 소개하도록 하지요.

여러분은 모두 영국 보병대가 프랑스 보병대와 다른 걸음으로 행진한다는 사실을 알 겁니다. 걷는 속도도 다르고 보폭도 다르지요. 지금 내가 말하려는 것은 영국식 팔 흔들기나 무릎 구부리는 동작 등이 아닙니다. 그 당시 엔(Ainse) 전투에서 프랑스 보병대와 함께 큰 위업을 달성한 우스터 연대가 프랑스 나팔 소리와 북소리, 즉 프랑스 나팔수와 고수로 구성된 군악대가 필요하다며 왕실의 승인을 요청했습니다.

그러나 결과는 그다지 고무적이지 않았습니다. 엔 전투가 끝나고 한참 후에, 거의 6개월 동안 나는 바이월(Bailleul)의 거리에서 다음과 같은 광경을 종종 목격했습니다. 우스터 연대는 여전히 영국식으로 행진하면서 걸음걸이는 프랑스식으로 박자를 맞추고 있었습니다. 더구나 군악대 선두에는 왜소한 프랑스 보병 상사가 있었는데, 그는 나팔을 돌려가며 부하들보다 더 능숙하게 행진곡을 연주했지요. 안타깝게도 덩치 큰 영국인 보병 연대는 열을 맞춰 행진할 수 없었습니다. 행진하면서 보조가 전혀 맞지 않았으니까요.

연대가 보조를 맞추려고 하면 이번에는 군악대가 보조를 맞추지 못했습니다. 결국 우스터 연대는 프랑스 나팔 소리를 포기해야만 했습니다. 사실 과거 크림전쟁 당시 군대에 잇달아 채택된 나팔 소리는 휴식이나 후퇴 등을 알리는 소리였습니다. 이렇게 행진뿐 아니라 달리기나 그 외 몸동작에 관해서도, 나는 영국과 프랑스의 기본 테크닉을 비롯해 운동 테크닉에도 차이가 있음을 빈번히 그리고 매우 정확히 관찰했습니다. 지금 이곳 프랑스에 사는 커트 작스[3] 교수도 똑같은 관찰을 했습니다. 그는 많은 강연을 통해 자신이 관찰한 것을 논했지요. 그는 멀리서도 영국인과 프랑스인의 걸음걸이를 식별했다고 합니다.

그러나 위에서 언급한 사실들은 우리의 주제로 안내하는 길잡이 역할만 할 뿐입니다.

나는 병원에서 모종의 계시를 받았습니다. 뉴욕에서 병에 걸렸을 때의 일입니다. 간호사들이 걷는 모습을 보다가 예전에도 저렇게 걷는 젊은 여성들을 어디선가 본 적이 있었다는 생각이 들었지요. 곰곰이 떠올려보다가 마침내 그곳이 영화관이었음을 알게 되었습니다. 프랑스에 돌아와서도, 특히 파리에서 그런 걸음걸이가 자주 눈에 띄었습니다. 프랑스 사람인데도 젊은 여성들은 그렇게 걸었습니다. 사실 영화 덕분에 미국의 걷는 방식이 이곳에 들어오기 시작했던 것이지요. 이를 나는 하나의 관념으로 일반화할 수 있었습니다. 걸을 때 팔과 손의 위치는 사회적으로 형성된 특이성에 해당하는 것이지, 알 수 없는 순전히 심리적이며 개인적인 메커니즘의 산물이 아닙니다. 예를 들어, 나는 수도원에서 자

---

3   (옮긴이) 커트 작스(Curt Sachs, 1881~1959)는 독일 출신의 음악학자로 베를린대학 교수, 소르본대학과 뉴욕대학의 객원교수, 미국음악학회 회장 등을 지냈다. 『악기백과전서』, 『악기분류법』 등 고대 악기학과 비교음악학에 관한 논문과 저서를 남겼다.

란 여자아이를 식별할 수 있습니다. 이 여자아이는 보통 두 주먹을 꼭 쥐고 걷습니다. 또한 나는 3학년 때 담임 선생님이 나를 어떻게 혼냈는지 지금도 기억하고 있습니다. "이런 동물 같은 녀석, 너는 늘 두 손을 활짝 펴고 걷는구나!" 그러므로 걷기의 교육 역시 존재하는 것이지요.

또 다른 예를 들어보겠습니다. 휴식을 취할 때 **손의 위치**에도 예의 바른 자세와 그렇지 못한 자세가 있습니다. 식사할 때는 팔꿈치를 몸에 붙이고 식사를 하지 않을 때는 두 손을 무릎 위에 놓는 아이가 있다면, 그 아이는 십중팔구 영국 아이일 겁니다. 반면 프랑스 젊은이는 이제 똑바로 앉는 법을 모릅니다. 팔꿈치를 부채꼴 모양으로 오므리거나 식탁에 팔꿈치를 괴는 등의 자세를 취하지요.

마지막으로 **달리기**를 예로 들어봅시다. 나도 여러분도 잘 알고 있듯이 달리기 테크닉도 변했습니다. 쥐앙빌 출신의 가장 우수한 졸업생 중 한 명이었던 어느 체육 교사가 1860년경 내게 주먹을 가슴에 대고 달리는 법을 가르쳤다고 상상해보십시오. 이는 모든 달리기 동작과 완전히 반대되는 동작입니다. 1890년에 전문 육상 선수를 보고 나서야 나는 비로소 다른 방식으로 달려야 함을 깨달았습니다.

이처럼 나는 수년 동안 "하비투스(habitus)"의 사회적 성격이라는 개념을 품어 왔습니다. 내가 프랑스에서 해석되는 바 그대로, 정확한 라틴어로서 "하비투스"를 말하고 있음에 유의해주십시오. 이 단어는 아리스토텔레스(그는 심리학자였습니다)가 사용한 "헥시스(hexis)", "획득된 것(acquis)", "능력(faculté)"을 "습관(habitude)"과는 비교가 안 될 정도로 훨씬 더 정확히 번역합니다. 이 단어는 여러 서적이나 짧기로 유명한 논고의 주제였던 형이상학적 습관 혹은 신비한 "기억"을 가리키지 않습니다. 이 [하비투스로서] "습관들"은 개인에 따라 그리고 그들의 모방에 따라 다를 뿐만 아니라, 무엇보다도 사회, 교육, 관습 및 유행, 위신에 따라 다릅니다. 사람들은 흔히 이 단어에서 정신 및 정신의 반복 능력만 보지만, 우리는 테크닉을 비롯해 집단적이고 개별적인 실천 이성의 활동을 봐야 합니다.

이렇게 해서 나는 우리 학회원들 중 몇몇이 콩트를 본받아 취했던 입장으로 조금이나마 되돌아갔습니다. 예를 들어 뒤마의 입장이 바로 그러한데, 그는 생물학적인 것과 사회학적인 것 사이의 부단한 관계에 심리학적 매개체가 개입할 여지를 그다지 크게 남기지는 않았습니다. 하지만 나는 이렇게 결론 내립니다. 걷기에 관한 해부학적·생리학적 이론처럼 기계적이고 물리적이기만 한 고찰이나, 반대로 심리학적 혹은 사회학적일 뿐이기만 한 고찰 대신 [생리학과 심리학, 사회학으로 이루어진] 삼중의 고찰이 이루어지지 않으면, 달리기와 수영 등 모든 사실에 관한 명료한 관점을 가질 수 없다고 말입니다. 우리에게 필요한 것은 바로 이 삼중의 관점, 즉 "총체적 인간"의 관점입니다.

끝으로 또 다른 일련의 사실도 간과할 수 없었습니다. 몸을 사용하는 기술의 이 모든 요소에서 **교육**이라는 사실이 지배적이었습니다. 교육 개념과 모방 개념은 서로 겹쳐질 수 있습니다. 모방 능력이 매우 뛰어난 아이들도 있고 매우 빈약한 아이들도 있지만, 모두 같은 교육을 받으므로 우리는 모방이 연이어 일어나는 연속성을 이해할 수 있습니다. 그래서 일어나는 것이 권위를 통한 모방입니다. 어린아이나 어른이나 성공한 행위, 자신이 신뢰하고 자신에 대해 권위를 가진 사람이 성공적으로 수행한 행위를 모방합니다. 행위란, 비록 자신의 신체와 관련된 단지 생물학적 행위일지라도, 외부에서 그리고 위로부터 강제됩니다. 개인은 다른 사람들이 자기 눈앞에서 혹은 자신과 함께 수행한 행위로부터 구성되는 일련의 동작을 차용합니다.

모방하는 자에 대해 질서정연하고 권위 있고 검증된 행위를 하는 자의 위엄, 바로 이 개념 안에 모든 사회적 요소가 존재합니다. 또한 그로부터 일어나는 모방행위 안에 모든 심리학적 요소와 생물학적 요소가 존재하지요.

하지만 이 모든 것, 이 전체는 서로 불가분하게 얽힌 세 가지 요소에 의해 조건 지어집니다.

이 모든 것을 다른 몇 가지 사실들과 쉽게 결부시킬 수 있습니다. 1925년 출간된 엘스던 베스트의 저서에는 마오리족(뉴질랜드) 여성의 걸음걸이에 관한 주목할 만한 자료가 실려있습니다. (마오리족은 원시적이라고 말해서는 안 됩니다. 내가 보기에 어떤 점에서 그들은 켈트족이나 게르만족보다 더 뛰어납니다.) "원주민 여성들은 어떤 **걸음걸이**(gait)를 채택하고 있다(이 영어단어는 재미있게 들립니다). 즉, 엉덩이를 이리저리 자꾸 흔들어대는 걸음걸이인데, 우리에게는 볼품없어 보여도 마오리족에게는 아주 홀딱 반할 만한 동작이다. 어머니들은 다들 자기 딸들에게 "오니오이(onioi)"라고 부르는 이 걸음걸이를 가르쳤다(베스트는 '훈련시켰다'(drill)라고 말합니다). 나는 한 여자아이가 엉덩이 흔드는 연습을 게을리하자 어머니가 이렇게 말하는 것을 들었다(이하는 내가 번역한 것이다). "너는 오니오이를 하지 않는구나"(The Maori, I, pp. 408~9, cf. p. 135). 이는 후천적으로 익힌 것이지 자연스러운 걸음걸이가 아닙니다. 요컨대, 성인들에게 "자연스러운 방식"은 존재하지 않을 겁니다. 하물며 다른 기술적 사실이 개입할 때는 말할 것도 없지요. 우리의 경우, 신발을 신고 걷는다는 사실이 발의 위치를 바꿔버립니다. 신발 없이 걸을 때 우리는 그 점을 확실히 느끼게 됩니다.

한편 똑같은 기본적인 질문이 다른 측면에서 내게 제기되었습니다. 그것은 주술의 힘, 즉 특정 행위의 물리적 효력뿐 아니라 구술적, 주술적, 의례적 효력의 믿음에 관한 모든 개념을 둘러싸고 제기된 질문이었습니다. 여기서 나는, 걷는 방식을 두고 여러분 앞에서 감히 넘봤던 정신–생리학이라는 흥미진진한 분야보다는 나 자신의 분야에 더 가까이 있을 겁니다.

이번에 소개해드릴 사례는 오스트레일리아에서 볼 수 있는 더 "원시적" 사실로서, 수렵 의례와 동물 쫓기 의식에서 동시에 쓰이는 주문(呪文)에 관한 것입니다. 아시다시피 오스트레일리아 원주민들은 캥거루와 에뮤, 들개를 쫓아다닙니다. 그들은 나무 꼭대기까지 올라가 주머니쥐를 잡기도 합니다. 주머니쥐가 유달리 저항해도 소용없지요. 이런 동물 쫓기 의식 중 하나로 애들레이드(Adélaïde) 주변 부족들 사이에서 100년 전에 관찰된, 딩고(dingo)라는 야생 들개 쫓기 의식이 있습니다. 딩고를 추적하는 사냥꾼은 다음과 같은 주문을 멈추지 않고 계속 외웁니다.

독수리 깃털 다발(이것은 입문식 등에 쓰인다)로 그놈을 때려라.

허리띠로 그놈을 때려라.

머리띠로 그놈을 때려라.

할례의 피로 그놈을 때려라.

팔에서 흘린 피로 그놈을 때려라.

여자의 월경으로 그놈을 때려라.

그놈을 잠들게 하라 등등.[4]

또 다른 의식인 주머니쥐 사냥의 경우, 사냥꾼은 특별한 마법의 돌로 알려진 수정(kawemukka) 조각을 입에 물고 같은 종류의 주문을 외웁니다. 그렇게 하면 사냥꾼은 주머니쥐를 찾을 수 있고, 나무에 기어 올라가 허리띠만으로도 매달릴 수 있으며, 주머니쥐를 몰아붙여 마침내 이 만만치 않은 사냥감을 붙잡아 죽일 수 있다고 합니다.

이 주술 방법과 사냥 테크닉 사이의 관계는 명백하며 재차 강조할 필요가 없을 만큼 너무나 보편적입니다.

우리가 지금 확인한 심리적 현상은 사회학자들의 통상적인 견해로도 분명 매우 쉽게 알 수 있고 이해할 수 있습니다. 그런데 우리가 지금 파악하려는 것은 주문(呪文)과 주물(呪物) 덕분에 생기는 신뢰, 무엇보다도 생물학적 지구력을 나타내는 행위에 동반되는 심리적 **추진력**입니다.

행위자에게 기술적 행위, 물리적 행위, 주술-종교적 행위는 서로 구별되지 않습니다. 나는 이것들을 언제든 사용할 수 있습니다.

4   Teichelmann et Schurmann, *Outlines of a Grammar, Vocabulary*, etc., *Sth.-Australia*,
Adélaïde, 1840. Eyre, *Journal*, etc., II, p. 241에서 재인용.

*

*　　*

그러나 이것만으로는 만족할 수 없었습니다. 나는 모든 것을 설명할 수는 있어도 분류할 수는 없었고, 어떤 명칭과 표제를 붙여야 하는지도 몰랐습니다.

사실 그것은 매우 간단한 일이었습니다. 전통적 행위가 테크닉과 의례로 구분된다는 점을 언급하기만 하면 되는 일이었지요. 그것은 내가 보기에 충분한 근거가 있었습니다. 이 행동 양식들은 모두 테크닉에 속했습니다. 그것들은 몸의 테크닉들입니다.

우리는 여러 해 동안 도구가 있어야만 기술이 있다고 생각하는 중대한 오류를 범했고 나도 예외는 아니었습니다. 플라톤이 음악의 테크닉, 특히 무용의 테크닉에 관해 언급했기에, 나는 테크닉에 대한 고대의 개념과 플라톤의 원리로 되돌아가 그 개념을 확장해야 했습니다.

나는 테크닉을 **효과적인 전통적 행위**라고 부릅니다(여러분은 이것이 주술적, 종교적, 상징적 행위와 다르지 않음을 알 수 있습니다). 테크닉은 **전통적이고 효과적**이어야 합니다. 전통이 없으면 테크닉도 없고 전승도 없습니다. 인간은 테크닉을 전승하며, 그것도 십중팔구 구두(口頭)로 전승합니다. 무엇보다도 바로 그 점에서 인간

몸 테크닉

86

은 동물과 구별되지요.

나는 여러분이 내 정의를 받아들인다고 가정하겠습니다. 그런데 한편으로는 종교의 효과적인 전통적 행위, 상징적이고 법적으로 효과적인 전통적 행위, 공동생활의 여러 행위, 도덕적 행위가 있고 다른 한편으로는 테크닉의 전통적 행위가 있다면, 그것들 사이의 차이는 무엇일까요? 그 차이는 당사자가 후자의 행위를 **기계적, 물리적 혹은 물리−화학적 행위**로 느끼며 또한 그러한 목적으로 추구한다는 점에 있습니다.

이런 조건에서 우리는 단지 **몸 테크닉**들을 다루고 있을 뿐이라고 말해야 합니다. 몸이야말로 인간의 최초이자 가장 자연스러운 도구입니다. 더 정확하게 말해서, 도구는 물론이거니와 몸은 인간 최초의 가장 자연스러운 테크닉 대상이자 수단입니다. 내가 기술(記述) 사회학에서 "기타"로 분류했던 사실들의 거대한 범주는 지금부터 그러한 막연한 표제에서 벗어나 뚜렷한 형태를 갖추게 됩니다. 이제 우리는 그것을 어디에 분류해야 하는지 알 수 있습니다.

도구를 사용하는 테크닉에 앞서 온갖 몸 테크닉이 있습니다. 나는 심리사회학적 분류 작업과 같은 일의 중요성을 과장할 생각이 없습니다. 하지만 그것은 무시할 수 없는 일입니다. 그것은 질서라곤 찾아볼 수 없는 여러 관념에 질서를 부여하는 일이지요.

여러 사실을 한데 모으는 와중에도 나는 그런 원칙에 따라 정확하게 분류할 수 있었습니다. (예를 들어 우리가 마실 때처럼) 물리적, 기계적, 화학적 목적에 부단히 적응하는 것은 일련의 조율된 행위 속에서, 즉 단지 개인 자신에 의해서만 조율된 행위가 아니라 그가 받은 온갖 교육, 그가 속한 사회 전체와 그가 거기에서 차지하는 위치에 의해 조율된 행위 속에서 추구됩니다.

게다가 이 모든 테크닉은 우리에게 공통된 하나의 체계 속에 아주 쉽게 포함되었습니다. 정신의 상징적 삶에 관해 심리학자들이 논한 것, 특히 리버스와 헤드의 기본 개념이 바로 그 체계입니다. 또한 그것은 무엇보다도 상징적 집합체의 체계인 의식 활동에 관한 우리의 개념이기도 하지요.

몸과 정신적 혹은 지적 상징의 결합을 보여주기 위해 열거할 수 있는 사실을 전부 다 여러분에게 제시한다면 끝이 없을 겁니다. 지금 이 자리에 있는 우리 자신을 돌아봅시다. 우리 안에서 모든 것이 통제되고 있습니다. 나는 강연자로서 여러분과 함께 있습니다. 여러분은 내가 앉은 자세와 내 목소리를 통해 강연자를 바라보며, 내 강연을 앉은 자세로 조용히 듣고 있습니다. 우리는 허용되거나 허용되지 않는 태도, 자연적이거나 자연적이지 않은 태도를 모두 취합니다. 그래서 우리는 뚫어지게 쳐다본다는 사실에 다른 가치를 부여합니다. 응시는 군대에서는 예의 바름의 상징이지만 일상생활에서는 무례함의 상징입니다.

2. 몸 테크닉의 분류 원칙

몸 테크닉이라는 개념에서 곧바로 두 가지 사실이 떠올랐습니다. 몸 테크닉은 성별과 연령별로 구분되고 변화합니다.

1) (양성 간의 분업에 그치지 않는) 몸 테크닉의 성별 구분

이것은 상당히 광범위한 주제입니다. 여키스[5]와 쾰러[6]는 원숭이의 신체, 특히 사타구니와 물체의 상관적 위치를 관찰했습니다.

---

5   (옮긴이) 로버트 여키스(Robert Yerkes, 1876~1956)는 미국의 심리학자로서 1919년 영장류 생물학 실험소를 창설해 영장류의 지능을 비롯해 특히 고릴라의 행동 및 기억에 관한 연구를 수행하였다. 비교동물심리학을 연구하여 하등동물로부터 유인원에 이르기까지 각종 동물의 지각과 행동을 연구하였으며, 특히 유인원 연구의 최고 권위자로 알려져 있다.

6   (옮긴이) 볼프강 쾰러(Wolfgang Köhler,1887~1967))는 독일의 심리학자로서 게슈탈트 심리학을 체계적으로 이론화했다. 카나리아 제도의 유인원 연구소에서 침팬지가 간단한 도구를 사용하고 단순한 구조물을 만드는 능력을 관찰한 후 『유인원의 지능 시험』(1917)을 저술했다.

움직이는 대상에 대해 움직이는 몸이 취하는 자세의 성별 차이가 일반적으로 어떻게 나타나는지를 고찰할 때 이들의 관찰에서 영감을 얻을 수 있습니다. 게다가 이와 관련해 인간을 대상으로 한 고전적 관찰도 있는데, 이를 보완할 필요가 있습니다. 나는 이 분야를 다룰 능력이 부족할 뿐 아니라 그럴 만한 여유도 없습니다. 다만 이 자리에서는 실례를 무릅쓰고 몇 가지 연구 결과를 심리학자인 여러분께 알려드리겠습니다. 주먹 쥐는 법을 예로 들어보겠습니다. 남성은 보통 엄지손가락을 밖으로 빼고 주먹을 쥐지만, 여성은 엄지손가락을 안으로 집어넣고 주먹을 쥡니다. 아마도 여성은 그렇게 배우지 않았기 때문이겠지만, 설령 배웠더라도 남성처럼 주먹을 쥐기는 분명 어려울 것입니다. 여성은 주먹을 쥐는 힘과 주먹을 날리는 힘이 약하지요. 여성이 돌을 던질 때는 멀리 못 나갈 뿐 아니라 남자가 던지는 자세와 항상 다르다는 것도 누구나 아는 사실입니다. 여성은 수평이 아니라 위에서 아래로 던집니다. 아마도 이는 양성 간 서로 다른 두 가지 교육의 사례로 보입니다. 남성 사회와 여성 사회가 있기 때문이지요. 그렇지만 거기에는 우리가 찾아내야 할 생물학적 요인과 심리학적 요인도 있을 것입니다. 그러나 이 경우에도 심리학자 혼자만의 힘으로는 모호한 설명밖에 할 수 없다고 생각합니다. 따라서 심리학자에게는 생리학과 사회학이라는 두 인접 학문과의 협력이 꼭 필요합니다.

2) 연령에 따른 몸 테크닉의 변화

아이는 보통 쪼그려 앉지만, 우리는 이제 그렇게 앉는 법을 모릅니다. 나는 이것이 우리 인종과 문명, 사회의 부조리이자 열등함이라고 생각합니다. 예를 들어보지요. 나는 (백인) 오스트레일리아 군인들과 최전선에서 함께 지냈던 적이 있습니다. 그들은 나보다 훨씬 우월한 구석이 하나 있었지요. 진흙탕이나 웅덩이를 건너가다가 멈췄을 때, 그들은 발뒤꿈치로 웅크리고 앉아 쉴 수 있었습니다. 그들의 발뒤꿈치 아래에서 "흙탕물(flotte)"이 찰랑거렸지요. 반면 나는 발을 물에 흠뻑 적신 채 군화를 신고 서 있어야만 했습니다. 내가 보기에 쪼그리고 앉는 자세는 아이에게서나 볼 수 있는 흥미로운 자세입니다. 이 자세를 멀리하는 것은 매우 어리석은 실수입니다. 우리 사회를 제외한 전 인류가 이 자세를 보존해 왔습니다.

한편 인류가 여러 시대를 거쳐오면서 이 자세에도 중요한 변화가 생긴 것 같습니다. 아치형의 두 다리가 한때 퇴화의 징후로 여겨졌다는 사실을 기억하실 겁니다. 이런 인종적 특성을 생리학적으로 설명하려는 시도가 있었습니다. 피르호(Rudolf Virchow)[독일의 병리학자]가 퇴화해버린 불행한 자로 여겼던 소위 네안데르탈인이 바로 아치형 다리를 갖고 있었지요. 그런데 이들이 아치형 다리를 갖게 된 것은 평소 쪼그린 자세로 살았기 때문입니다. 따라서 우리가 유전적 요인으로 간주한 것이 실제로는 생리적이고 심리적이고 사회적인 요인입니다. 힘줄의 특정 형태, 심지어 골격의 형태까지도 특정 형태의 자세와 휴식의 결과일 뿐입니다. 이는 매우 분명한 사실입니다. 테크닉을 분류하는 것뿐만 아니라 이런 방식으로 연령별, 성별에 따른 테크닉의 변화도 분류할 수 있습니다. 사회의 모든 계층을 가로지르는 이러한 분류가 이루어지면, 이제 세 번째 분류가 무엇인지 짐작할 수 있습니다.

3) 효율과 관련한 몸 테크닉의 분류

몸 테크닉은 그 효율, 즉 훈련 성과와 관련해 분류할 수도 있습니다. 기계를 조립하는 것처럼, 훈련도 효율을 추구하고 획득하는 일입니다. 여기서 말하는 효율은 인간의 효율을 가리킵니다. 따라서 몸 테크닉은 인간을 훈련하는 데 필요한 규범이라고 할 수 있습니다. 인간은 동물을 조련할 때 쓰는 방법을 자기 자신과 아이들에게 기꺼이 적용했습니다. 아마도 아이들은 길들여야 할 모든 동물에 앞서 그렇게 훈련받은 첫 번째 존재일 겁니다. 따라서 나는 여러 테크닉과 그 각각의 전승 방식을 훈련과 어느 정도 비교한 후에 유효한 순서대로 배열할 수 있습니다.

여기에 사회학에서와 마찬가지로 심리학에서도 매우 중요한 재주(adresse)라는 개념이 위치합니다. 그런데 프랑스어에는 "요령(habile)"이라는 빈약한 용어만 있지요. 목표에 잘 맞춰진 모든 동작에 대해 적응 감각을 갖춘 사람, 여러 습관을 지니고 "능란하게 일을 처리하는" 사람을 지칭하기 위한 더 적합한 용어는 라틴어 **하빌리스**(habilis)입니다. 그러나 요령이라는 용어로는 하빌리스를 제대로 옮길 수 없습니다. 영어의 **craft**나 (재주와 재치, 습관을 한꺼번에 나타내는) **clever**가 하빌리스에 가까운 개념으로, 어떤 것에 능숙하다는 뜻을 나타냅니다. 다시 강조하건대 우리는 지금 테크닉의 영역을 다루고 있습니다.

4) 테크닉 형태의 전승

마지막으로 테크닉 교육이 필수적이라는 관점에서, 우리는 이 교육 및 훈련의 성격에 따라 테크닉을 분류할 수 있습니다. 바로 여기에 새로운 연구 영역이 있습니다. 이 영역은 아직 관찰되지 않은 세세한 사실들로 가득 차 있는데, 그것들 모두 고찰해야 합니다. 그러한 사실들이 모든 연령대의 남녀가 받는 신체 교육을 구성합니다. 아동 교육은 이른바 자질구레한 일들로 가득 차 있지만, 모두 필수적인 것들입니다. 가령 양손잡이 문제만 해도 그렇습니다. 우리는 오른손과 왼손의 움직임을 제대로 관찰하지 않으며, 두 손의 움직임이 어떻게 습득되는지도 잘 알지 못합니다. 하지만 독실한 이슬람교도를 단번에 알아볼 수는 있지요. 포크와 나이프를 동시에 사용할 때조차도 (사실 이런 일은 드뭅니다), 그는 오른손만 사용하기 위해 전력을 다할 테니까요. 그는 왼손으로 음식을 만져서는 안 되며, 오른손으로 자신의 신체 일부를 만져서도 안 됩니다. 그가 왜 어떤 몸짓은 하고 어떤 몸짓은 하지 않는지 알기 위해서는 인간의 운동 비대칭성에 관한 생리학이나 심리학만으로는 충분하지 않습니다. 그것을 강요하는 전통도 알아야 합니다. 로베르 에르츠가 바로 이 문제를 제기했습니다.[7] 그런데 에르츠의 고찰이든 다른 방식의 고찰이든, 어느 것이나 운동 원리에 관한 모든 사회적 선택에 적용될 수 있습니다.

모든 훈련 방식과 모방 방식, 특히 생활양식, 방식(modus), 긴장(tonus), "질료(matière)", "예절(manières)", "태도(façon)"라고 부를 수 있는 모든 기본적 태도를 연구해야 합니다. 바로 이것이 내가 제시한 첫 번째 분류, 아니 오히려 네 가지 관점이라고 할 수 있습니다.

---

[7] Robert Hertz, "La prééminence de la main droite"(1909), *Mélanges de sociologie religieuse et de folklore*, Paris; Félix Alcan, 1928에서 재출간. (옮긴이) 국역본으로는 로베르 에르츠, 『죽음과 오른손』(문학동네, 2021) 73~98쪽 참조.

3. 몸 테크닉의 전기적(傳記的) 목록

또 다른 분류는 몸 테크닉을 단순히 열거하는 것인데, 이는 앞선 방식보다 논리적이지는 않아도 관찰자에게는 훨씬 간단한 방식입니다. 미국 교수들이 준비하는 것처럼, 나도 여러분께 일련의 작은 그림을 보여드리려고 했습니다. 하지만 여기서는 아주 간단하게 사람의 연령대, 한 개인의 평범한 전기를 대략 따라가면서 그와 관련된 몸 테크닉 혹은 그가 배운 몸 테크닉을 분류해보겠습니다.

1) 출산과 조산술의 테크닉

이와 관련된 사실들은 비교적 덜 알려져 있고, 고전적 자료 대다수도 그리 미덥지 못합니다.[8] 괜찮은 자료 가운데 월터 로스(Walther Roth)[영국의 식민지 행정가이자 인류학자]가 오스트레일리아 퀸즐랜드와 영국령 기아나에 거주하는 부족들에 관해 기록한 것이 있습니다.

---

8   이 점에 있어서 프로스(Hermann Heinrich Ploss)의 *Das Weib* (éditions de Bartels, etc.) 최신판조차 만족스럽지 못하다.

출산의 형태는 극히 다양합니다. 부처는 어머니 마야가 나뭇가지를 붙잡고 똑바로 서 있는 상태에서 태어났다고 합니다. 서 있는 자세로 출산한 것이지요. 지금도 인도 여성 상당수가 그런 자세로 아이를 낳습니다. 우리는 출산할 때 눕는 자세가 정상이라고 생각하지만, 정작 그 자세가 출산할 때 엎드리는 자세보다 더 정상적인 것은 아닙니다. 또한 산모 쪽과 조력자 쪽에서 아이를 붙잡는 분만의 테크닉, 탯줄을 자르고 동여매는 테크닉, 산모를 간호하는 테크닉과 아이를 돌보는 테크닉도 있습니다. 바로 여기에 중대한 문제가 다수 있습니다. 그 밖에도 다음과 같은 문제도 있지요. 아이를 선별하거나 장애가 있는 아이를 유기하거나 쌍둥이를 살해하는 것은 모두 한 가문의 역사에서 결정적 순간에 해당합니다. 고대 역사에서도 기타 문명에서도 아이를 어떻게 인지하는가는 중대한 사건입니다.

2) 영아기의 테크닉

아이의 양육과 수유 ─ 어머니와 아이로 관계 맺은 두 사람의 태도 아이에게 나타나는 젖을 빠는 테크닉, 안기는 테크닉 등등을 살펴봅시다. 어머니에게 안기는 체험은 매우 중요합니다. 2년 혹은 3년 동안 어머니 피부에 직접 안긴 아이가 어머니에게 취하는 태도는 그렇지 못한 아이와 전혀 다릅니다.[9] 그 아이가 접촉하는 어머니는 우리 프랑스 아이들의 어머니와 완전히 딴판이지요. 그 아이는 어머니의 목덜미와 어깨에 매달린 자세로 허리에 걸터앉습니다. 이는 아이에게 평생에 걸쳐 없어서는 안 될 중요한 운동이지요. 아이를 안는 것은 어머니에게도 하나의 운동입니다. 우리 유년기의 사라진 심리 상태가 여기서 생겨나는 것처럼 보이기까지 합니다. 아이의 이런 테크닉으로 성기 접촉과 피부 접촉 등이 일어나기 때문입니다.

이유(離乳)

젖을 떼는 데는 아주 오랜 시간이, 일반적으로 2, 3년이 필요합니다. 여성은 아이에게 젖을 물릴 의무를 지는데, 때로는 동물에게까지 젖을 물릴 의무도 집니다. 여성이 아이에게 젖을 그만 먹게 하기까지는 오랜 시간이 걸립니다. 게다가 이유는 생식 활동과도 연관되는데, 가령 이유 기간에는 생식 활동을 멈추는 일도 있습니다.[10]

---

9   이에 관한 관찰 결과가 발표되기 시작했다.

10   프로스(Ploss)가 수집하고 바르텔스(Max Bartels)가 보완한 방대한 사실을 담은 총서는 이 점에서 만족스럽다.

인류는 요람에서 자란 사람과 그렇지 못한 사람으로 나눠볼 수 있습니다. 도구를 전제하는 몸 테크닉이 있기 때문입니다. 요람을 이용하는 지역에는 두 북반구의 거의 모든 민족과 안데스 지역의 민족, 그리고 상당수의 중앙아프리카 인구가 포함됩니다. 마지막 두 집단의 경우, 요람을 사용하는 사람에게서 두개골 변형(이는 심각한 생리학적 결과를 초래할 수 있습니다)이 나타납니다.

이유기의 아이

젖을 뗀 아이는 먹고 마실 수 있으며 걷는 법을 배웁니다. 종종 무용이나 음악을 위해 시각, 청각, 리듬 감각, 형태 감각, 운동 감각을 훈련받습니다. 아이는 유연 운동과 호흡의 개념 및 방법을 습득하며, 종종 고통을 수반하는 특정 자세를 취하기도 합니다.

3) 청소년기의 테크닉

특별히 남성의 테크닉을 관찰할 필요가 있습니다. 민족학 강의에서 다루는 사회의 경우 여성의 테크닉은 남성만큼 중요하지 않습니다. 사실 신체 교육에서 중요한 계기는 입문의 계기입니다. 우리는 자녀들의 양육 방식을 보며 아들딸 모두 같은 예절과 자세를 갖추고 어디서든 같은 교육을 받는다고 생각합니다. 우리 사회에서 이런 생각은 진작부터 틀린 것이며, 이른바 원시적이라고 일 컫는 지역에서는 완전히 잘못된 것입니다. 심지어 우리는 우리 학 교와 같은 무언가가 마치 언제 어디서나 존재했던 것처럼 사실을 기술합니다. 곧장 아이들을 불러 모아 보호하고 평생토록 훈련하 는 그런 학교 말입니다. 하지만 그 반대가 맞습니다. 예를 들어, 모 든 흑인사회에서 소년 교육은 사춘기 전후에 강화되지만, 여성 교 육은 이른바 전통적 수준에 머무를 따름입니다. 여성을 위한 학교 는 없습니다. 여자아이는 어머니로부터 내내 가르침을 받다가, 일 부 예외를 제외하고 곧바로 아내의 위치로 옮겨갑니다. 반면 남자 아이는 남성 결사체에 진입해 거기서 각자의 본업과 군인 기술을 습득합니다. 하지만 남자와 여자 모두에게 있어서 결정적인 시기 는 청소년기입니다. 바로 이 시기에 성년기 내내 유지하게 될 몸 테크닉을 결정적으로 익히게 됩니다.

4) 성년기의 테크닉

이에 관한 목록을 작성하려면, 몸동작을 조정할 때와 멈출 때 로 구분되는 하루의 여러 시간대를 뒤따라가면 됩니다.

우리는 하루의 시간대를 잠잘 때와 깨어있을 때로 구분할 수 있 고, 깨어있을 때를 휴식을 취할 때와 활동할 때로 구분할 수 있습니다.

(1) 잠자는 테크닉

누워 자는 것이 뭔가 자연스럽다는 생각은 완전히 틀렸습니다. 나는 전쟁을 치르면서 아무 데서나, 예를 들어 자갈 더미 위에서도 자는 법을 배웠지만, 침대를 바꾸면 늘 얼마간은 잠을 이룰 수 없었습니다. 지금도 침대가 바뀌면 둘째 날이 되어야 겨우 잘 수 있습니다.

아주 간단하게, 잠들기 위해 "땅바닥" 말고는 아무것도 필요 없는 사회와 취침 도구를 사용하는 사회를 구분할 수 있습니다. 그레브너[독일의 민족학자][11]가 언급한 "위도 15도 문명"은 잠을 잘 때 목덜미를 받칠 수 있는 긴 의자를 사용하는 것이 특징입니다. 팔걸이는 토템인 경우가 흔한데, 종종 웅크린 사람이나 토템 동물의 형상이 새겨져 있습니다. 그 밖에 깔개를 사용하는 사람들과 그렇지 않은 사람들(아시아, 오세아니아, 미국의 일부), 베개를 쓰는 사람들과 그렇지 않은 사람들, 불 주위에서 둥글게 몸을 맞대고 자는 사람들과 불 없이 자는 사람들이 있습니다. 몸을 녹이고 발을 덥히는 원시적인 방법도 있습니다. 매우 추운 곳에 사는 푸에고 제도 사람들은 (야생 라마의) 가죽으로 만든 담요가 하나밖에 없을 때는 자는 동안 발만 따뜻하게 합니다. 마지막으로 서서 자는 자세가 있

---

11   Fritz Graebner, *Ethnologie*, Leipzig, 1923.

습니다. 마사이족은 선 채로 잘 수 있습니다. 나도 산속에서 선 채로 잔 적이 있습니다. 나는 자주 말을 탄 채로 잠을 잤고, 때로는 걷고 있는 말을 타고 잔 적도 있습니다. 말이 나보다 더 눈치가 빨랐지요. 침략을 다룬 옛 역사가들은 우리에게 말을 탄 채 잠든 훈족이나 몽골인을 보여줍니다. 이들의 묘사 역시 사실에 기반한 것이지요. 기마병이 잔다고 해서 말이 걸음을 멈추지는 않습니다.

이불을 사용하는 사례도 있습니다. 이불을 덮고 자는 사람들과 그렇지 않은 사람들이 있지요. 한편 해먹에서 공중에 매달린 채로 자는 방법도 있습니다.

바로 여기에 몸 테크닉인 동시에 심오한 생물학적 효과와 반향을 가져오는 수많은 관행이 있습니다. 이 모든 것은 현지에서 관찰할 수 있고 또 관찰해야 합니다. 수백 가지가 아직 발견되지 않은 채 남아 있습니다.

(2) 잠에서 깨기 : 휴식의 테크닉

휴식은 완전한 휴식일 수도 있고 단순한 활동 중단일 수도 있습니다. 눕기, 앉기, 쪼그려 앉기 등이 휴식에 속합니다. 시험 삼아 쪼그려 앉아 보십시오. 여러분은, 예를 들자면, 모로코 음식을 일일이 의례를 지켜가며 맛볼 때와 같은 고통을 느끼게 될 겁니다. 앉는 법은 필수적입니다. 여러분은 쪼그려 앉는 사람들과 쪼

그리지 않고 앉는 사람들을 구별할 수 있습니다. 또한 후자는 벤치에 앉는 사람들과 벤치나 단상 없이 앉는 사람들, 의자에 앉는 사람들과 그렇지 않은 사람들로 구별할 수 있습니다. 쪼그리고 앉아 사용하는 나무 의자는 놀랍게도 양 대륙의 북위 15도와 적도 전 지역에 퍼져있습니다.[12] 한편, 테이블을 사용하는 사람들과 그렇지 않은 사람들이 있습니다. 테이블, 즉 그리스식 세발탁자(trapeza) 같은 테이블이 세계 어디서나 사용되는 것은 아닙니다. 일반적으로 동양 전역에서는 여전히 융단이나 돗자리를 씁니다. 이러한 휴식에는 식사와 대화 등이 포함되기 때문에 모든 것이 꽤 복잡합니다. 어떤 사회에서는 독특한 자세로 휴식을 취합니다. 나일강 유역의 아프리카 전 지역과 차드에서 탕가니카에 이르는 지역 일부에는 섭금류(涉禽類) 자세로 들판에서 쉬는 사람들이 거주합니다. 막대기도 없이 한 발로 쉬는 사람도 있고 막대기에 기대어 쉬는 사람도 있습니다. 이것이야말로 휴식의 테크닉이 형성하는 문명의 진정한 특성으로, 다수의 민족 집단 전체에 공통되는 것입니다. 심리학자들에게 이보다 더 자연스러운 것은 없습니다. 그들이 전적으로 동의할지는 모르겠지만, 나는 초원에서 그러한 자세가 풀의 높이와 양치기 또는 파수꾼의 기능에 기인한다고 생각합

---

12   이것은 그레브너가 훌륭히 관찰한 사실 중 하나이다. 앞의 책 참조.

니다. 그들은 이 자세를 교육으로 힘겹게 습득하고 보존합니다.

여러분은 능동적 휴식, 일반적으로 심미적 휴식을 취합니다. 그래서 쉴 때조차 춤을 춘다든지 하는 일이 빈번하지요. 나중에 이 점을 다루도록 하겠습니다.

(3) 활동과 움직임의 테크닉

정의에 따르면 휴식은 움직임이 없는 것이고 움직임은 휴식이 없는 것입니다. 여기서는 이에 관해 단순히 열거하는 것으로 그치 겠습니다.

전신(全身)을 움직이는 것으로는 기어가기, 짓밟기, 걷기가 있 습니다.

걷기

걷기 테크닉에는 보행 중 몸을 똑바로 세우는 신체 하비투스, 호흡, 보행의 리듬, 주먹과 팔꿈치를 규칙적으로 흔들기, 상체를 몸 앞쪽으로 내밀며 전진하기 혹은 몸 양쪽을 번갈아 내밀며 전진 하기(우리는 몸 전체를 한 번에 앞으로 내미는 데 익숙해졌습니다), 팔자 로 걷기, 안짱다리로 걷기, 다리 뻗기가 있습니다. 우리는 "거위걸 음"[무릎을 굽히지 않고 다리를 곧게 뻗어 걷는 동작]을 놀림감으로 삼 지요. 실제로 독일군은 다리를 최대한으로 뻗기 위해 거위걸음을 합니다. 이는 특히 북쪽 지방 사람들이 대체로 다리가 길어서 가능한 한 보폭을 크게 내딛기를 좋아하기 때문입니다. 프랑스에서는 이런 훈련을 하지 않기 때문에 우리 대다수는 무릎이 X자형으로 약간 휘어있습니다. 바로 이것이 인종과 개인 심성, 집단 심성에서 동시에 유래하는 특이체질 중 하나입니다. 가장 흥미로운 테크닉에는 "뒤로 도는" 동작 같은 것이 있습니다. 특히 "제식(制式)에 따라" 뒤로 도는 영국식 동작은 우리 방식과는 너무 달라서 그것을 습득하려면 상당한 연습이 필요합니다.

달리기

달리기 테크닉은 발의 위치, 팔의 위치, 호흡, 달리는 비법, 지구력과 관련됩니다. 나는 워싱턴에서 호피족 인디언 화주(火酒)협회장을 본 적이 있습니다. 호피족 의식에서 술을 사용하지 못하도록 한 조치에 항의하기 위해 그는 4명의 부하를 거느리고 워싱턴에 온 것이었지요. 쉬지 않고 250마일을 주파했으니 그는 틀림없이 세계에서 가장 뛰어난 달리기 선수였을 겁니다. 이들 푸에블로족에게 갖가지 신체적 위업 달성은 노상 있는 일입니다. 푸에블로족을 보고 나서 위베르는 그들이 체력만큼은 일본 운동선수에 견줄 만하다고 여겼지요. 이들 인디언은 또한 비할 데 없는 무용수이기도 했습니다.

이제 능동적 휴식의 테크닉을 살펴볼 차례입니다. 이 테크닉은 심미적일 뿐만 아니라 신체 운동과도 연관됩니다.

춤추기

여러분은 아마 폰 호른보스텔(von Hornbostel)[오스트리아의 음악학자이자 민족학자] 씨와 커트 작스 씨의 강의를 들어봤을 겁니다. 작스 씨는 춤에 관한 매우 뛰어난 역사서도 썼지요. 한번 읽어보시기를 바랍니다.[13] 이 두 음악학자는 휴식의 춤과 활동의 춤을 구분했습니다. 이 구분은 받아들일 수 있지만, 두 가지 춤의 분포에 관해 그들이 세운 가설은 받아들이기 어렵습니다. 그들은 일부 사회학이 저지른 기본적인 오류의 희생자입니다. [그들의 가설이 옳다면] 전적으로 부계 혈통인 사회와 전적으로 모계 혈통인 사회가 있어야 합니다. 그래서 여성화된 사회에서는 제자리에서 춤을 추려고 하나 반대로 부계 혈통 사회에서는 자리를 바꾸며 춤추는 것을 즐겨야겠지요.

커트 작스 씨는 이러한 춤[활동의 춤과 휴식의 춤]을 외향적 춤과 내향적 춤으로 한층 더 잘 분류했습니다. 이 분류는 우리를 정신분석학으로, 그것도 상당히 근거 있는 정신분석학의 한가운데로 이

---

13   Curt Sachs, *Eine Weltgeschichte des Tanzes*, Berlin, 1933.

끕니다. 사실 사회학자는 사물을 더 복잡한 방식으로 봐야 합니다. 그래서 [외향적 춤을 추는] 폴리네시아인, 특히 마오리족은 제자리에 서조차 매우 격렬하게 몸을 움직이며, 그런 몸놀림을 할 만한 자리가 생기면 매우 활발히 계속 위치를 바꿔가며 춤을 춥니다.

이렇듯 남성의 춤과 여성의 춤은 서로 반대되는 경우가 많으므로 구별해야 합니다.

마지막으로 서로 끌어안고 추는 춤은 유럽 근대문명의 산물임을 알아야 합니다. 바로 이것이 우리에게 너무나 자연스러운 일도 실은 역사적이라는 점을 증명합니다. 그런 춤은 우리를 제외한 전 세계인에게 혐오의 대상일 뿐입니다.

다음으로 직업이나 직업의 일부 혹은 더욱 복잡한 기술까지도 대신하는 몸 테크닉을 살펴보겠습니다.

제자리 뛰기

우리는 뛰어오르는 테크닉이 어떻게 변했는지 지켜봤습니다. 우리는 모두 구름판을 밟고, 심지어 정면으로 뛰어올랐지요. 다행히도 이 테크닉은 사라졌습니다. 오늘날에는 다행히도 측면에서 뛰어오릅니다. 이 테크닉에는 멀리뛰기, 세로로 뛰기, 위아래로 뛰기, 제자리에서 멀리뛰기, 장대높이뛰기가 있습니다. 여기서 우리는 우리의 동료인 쾰러, 기욤[14], 메이에르송[15]의 연구 과제, 즉 사람과 동물의 비교 심리학을 재발견합니다. 이에 관해서는 더 이상 언급하지 않겠습니다. 이러한 테크닉의 변화에는 끝이 없습니다.

올라가기

나는 등산이나 바위 타기는 어느 정도 할 수 있지만, 나무를 타는 데는 매우 서툽니다. 여기에는 교육의 차이가 있고 따라서 방법에도 차이가 있습니다.

나무와 몸을 벨트로 둘러매고 나무를 오르는 방법은 이른바 모든 원시인에게 매우 중요합니다. 하지만 우리는 이 벨트를 사용할 일이 없지요. 우리는 전신(電信) 수리공이 벨트 없이 아이젠만 신고 전신주를 기어오르는 것을 봅니다만, 그들에게도 이 방법을

---

14 (옮긴이) 폴 기욤(Paul Guillaume, 1878~1962))은 프랑스의 심리학자로서 아동 심리학과 동물심리학을 연구하면서 프랑스에 게슈탈트 심리학을 소개하였다. 언어 습득에 있어서 권위에 따른 모방행위의 메커니즘에 관심을 두고 1925년『아동의 모방』을 저술하였으며, 1930~32년에 걸쳐 메이에르송과 함께 원숭이의 도구 사용에 관한 연구를 진행했다.

15 (옮긴이) 이그나스 메이에르송(Ignace Meyerson, 1888~1983)은 프랑스의 의사이자 심리학자이다. 조르주 뒤마의 권유로 프로이트의『꿈의 해석』을 번역해 프랑스에 정신분석학을 소개하는 데 중추적인 역할을 맡았으며, 1차 세계대전 이후 피에르 자네와 조르주 뒤마가 창설한『정상 및 병리 심리학 저널』의 편집장을 맡아 프랑스 지성계에 큰 영향을 끼쳤다.

가르칠 필요가 있습니다.[16]

등산법의 역사는 실로 주목할 만합니다. 그것은 내 생애에서 경이로운 발전을 이루었습니다.

내려가기

카빌리 사람이 가죽 신발을 신고 내려가는 모습을 보는 것만큼이나 현기증 나는 것은 없습니다. 신발이 벗겨지지 않고 어떻게 내려갈 수 있을까요? 그것을 보고 따라 해봤지만, 나로서는 도무지 이해할 수 없었습니다.

게다가 나는 여성들이 어떻게 하이힐을 신고 걸을 수 있는지도 이해할 수 없습니다. 이처럼 비교는 고사하고 관찰부터 해야 할 온갖 테크닉이 존재합니다.

수영

잠수하기와 헤엄치기에 관해서는 앞서 언급했습니다. 수영에는 부낭(浮囊)[몸이 잘 뜨게 하는 기구]이나 널빤지 같은 보조 수단이 사용됩니다. 현재는 새로운 수영법을 발명하는 단계로 진입하고 있지요. 한편 드루제(de Rougé) 가문 사람들이 오스트레일리아

---

16   나는 마침내 벨트가 사용되는 것을 보았다(1935년 봄).

에 관해 쓴 책을 보면, 니올니올족(Niol-Niol)[오스트레일리아 북서쪽 원주민]이 거대한 바다거북에 떼지어 올라타는 모습을 봤다는 이야기가 나옵니다. 다른 많은 이들처럼 나도 그 이야기가 허구라고 생각했습니다. 나는 그 책이 틀렸고 위작에 불과하며 저자들이 심각한 오류를 저질렀다고 믿었던 사람들 가운데 한 명이었지요. 그런데 지금 우리 곁에는 니올니올족이 거북 위에 올라탄 장면을 담은 멋진 사진이 있습니다. 나무토막을 타고 헤엄치는 아샨티족(Ashanti)을 보고 래트레이가 기록했던 이야기도 마찬가지입니다.[17] 게다가 이 이야기는 기니와 포르토노보 그리고 프랑스 식민지의 거의 모든 석호(潟湖) 주변에 거주하는 원주민들에게서도 확인된 사실입니다.

힘을 요구하는 동작

이런 동작에는 밀기, 당기기, 들어올리기가 있습니다. 여기서 허리로 한 번에 힘쓰기가 중요하다는 것은 누구나 알고 있습니다. 그것은 습득된 테크닉이지 단순한 동작의 연속이 아닙니다.

던지기. 던지기에는 공중으로 던지거나 수평으로 던지는 동작 등이 있습니다. 손가락으로 던질 물건을 쥐는 방법에 주목해야 하

---

17 Robert Sutherland Rattray, *Ashanti*, vol. I, Oxford, Clarendon Press, 1923.

는데, 그 방법은 변화의 폭이 상당히 큽니다.

잡기. 잡기에는 치아로 물어서 잡기, 발가락이나 겨드랑이를 이용해 잡기 등이 있습니다.

역학적 동작에 관한 이러한 연구 전체는 잘 진행되고 있습니다. 이 연구는 신체에서 일어나는 역학적 우력(偶力)[크기가 같고 방향이 반대인 평행한 한쌍의 힘]의 구조를 다룹니다. 여러분은 우력의 구조에 관한 뢸로(Franz Reuleaux)[독일의 기계공학자]의 뛰어난 이론을 잘 기억하고 있을 겁니다. 또한 파라뵈프(Louis Hubert Farabeuf)[프랑스의 외과의사]라는 위대한 이름도 떠오르겠지요. 내가 주먹을 쓰자마자 우력이 만들어집니다. 하물며 인간이 "구석기 시대의 돌도끼"를 손에 쥐고 있던 시절은 말할 것도 없지요.

여기에는 모든 손기술, 마술, 운동경기, 곡예 등이 포함됩니다. 나는 마술사와 체조 선수를 가장 존경했으며, 그 마음은 지금도 변함이 없다는 것을 여러분에게 밝혀둡니다.

(4) 몸 관리 테크닉

문지르기, 씻기, 비누질하기

이에 관한 자료를 준비한 지 하루도 채 안 지났습니다. 비누를 발명한 자는 고대인(그리스, 로마인)이 아닙니다. 그들은 비누로 씻지 않았지요. 비누는 골족이 발명했습니다. 다른 한편, 이와 무관하게 중앙아메리카 전역과 남아메리카(북동부) 원주민들은 "브라질"이라는 파나마 나무로 만든 비누로 몸을 씻었습니다. 브라질이라는 나라 이름도 여기서 나왔습니다.

구강 관리

구강 관리에는 기침하는 테크닉과 침 뱉는 테크닉이 있습니다. 다음은 내가 개인적으로 관찰한 사실입니다. 침을 뱉을 줄 모르는 여자아이가 있었는데, 이로 인해 그 아이는 감기에 걸릴 때마다 늘 심하게 앓곤 했습니다. 나는 왜 침을 못 뱉는지 알게 되었지요. 아이의 아버지가 사는 부락에 거주하는 사람들, 특히 베리 지역에 있는 부계 쪽 사람들은 모두 침을 뱉을 줄 몰랐던 겁니다. 나는 아이에게 침 뱉는 법을 가르쳐 주었고, 침을 뱉을 때마다 4수[sous, 과거 프랑스의 화폐 단위]를 주었습니다. 사실 그 아이는 자전거를 갖고 싶어서 침 뱉기를 배웠던 것입니다. 그리고 마침내 가족 중 처음으로 침을 뱉을 수 있게 되었습니다.

자연적 욕구의 위생

이에 관해 나는 무수한 사례를 열거할 수 있습니다.

(5) 소비 테크닉

먹기

회프딩(Harald Höffding)[덴마크의 철학자]이 재차 언급했던 페르시아 왕의 일화를 여러분은 기억할 것입니다. 그 왕은 나폴레옹 3세가 초대한 자리에서 손가락으로 음식을 먹었지요. 나폴레옹 3세가 금 포크를 사용하라고 권하자 그는 이렇게 대답했습니다. "황제께서는 스스로 놓치고 있는 즐거움이 무엇인지 모르십니다."

칼의 부재 및 사용. 맥기(William John McGee)[미국의 발명가이자 인류학자]는 세리족(캘리포니아 마들렌 반도에 거주하는 인디언)이 칼에 대한 개념이 없어서 가장 원시적인 인간이라고 믿었지만, 이는 사실을 잘못 관찰해서 생긴 심각한 오해입니다. 세리족은 식사할 때 칼을 사용하지 않습니다. 단지 그뿐입니다.

마시기

아이들에게 샘이나 분수, 웅덩이의 물을 직접 마시는 방법, 병에 입술을 대지 않고 직접 입에 부어 마시는 방법 등을 가르치는 것은 매우 유익합니다.

(6) 성적 테크닉

성행위 자세만큼이나 기술적인 것은 없습니다. 이 문제를 용기 있게 제기한 저자는 거의 없지요. 그러므로 클라우스(Friedrich Salomon Krauss)[오스트리아의 성(性)과학자이자 인류학자] 씨가 『인류의 생식(*Anthropophyteia*)』이라는 대전집을 출판한 것에 대해 감사해야 합니다. 가령 여자가 무릎을 구부려 남자의 팔꿈치에 두 다리를 걸치는 성행위 자세의 테크닉을 살펴봅시다. 이는 오스트레일리아에서 베링 해협을 거쳐 페루의 오지에 이르기까지 태평양 전역에서 발견되는 독특한 테크닉으로, 다른 지역에서는 거의 찾아볼 수 없습니다. 성기 접촉, 호흡 섞기, 입맞춤 등 성행위에는 정상적인 것에서 비정상적인 것까지 온갖 테크닉이 다 있습니다. 여기서 성적 테크닉과 성도덕은 밀접한 관련을 맺습니다.

(7) 마지막

이상체질을 지닌 사람(l'anomal)을 돌보는 테크닉으로 마사지 같은 것이 있는데, 이 자리에서는 다루지 않고 넘어가도록 하겠습니다.

4. 총괄

너무 길게 몸 테크닉 목록을 논하기보다는 일반적인 질문을 제기하는 것이 아마 여러분에게 더 흥미로울 것입니다.

이 목록에서 매우 뚜렷이 드러나는 것은, 우리는 어디에서나 일련의 행위들의 생리-심리-사회학적 집합체에 직면해 있다는 사실입니다. 이러한 행위들은 개인의 삶과 사회의 역사에서 다소 습관적이고 다소 오래된 것입니다.

더 나아가서, 이 일련의 행위들이 개인 안에서 더 쉽게 결합할 수 있는 이유 중 하나는 바로 사회적 권위에 의해, 그리고 사회적 권위를 위해 결합하기 때문입니다. 상병이었을 때, 나는 네 명이 1열로 나란히 행진하는 밀집 대형 훈련이 왜 필요한지 부하 병사들에게 알려주곤 했습니다. 나는 분대원들에게 대열을 맞추지 말고 네 명이 2열로 행진하라고 명령한 다음 연병장 안에 있는 두 그루의 나무 사이를 통과하게 했지요. 그들은 서로 겹쳐서 행진했습니다. 결국 그들은 내가 시킨 일이 그렇게 터무니없지 않다는 것을 깨달았습니다. 이처럼 집단생활 전체에는 일종의 밀집 대형 교육이 존재합니다.

어느 사회에서든 누구나 자신이 무엇을 해야 하는지 어떤 상황에서도 알고 배워야 합니다. 당연히 사회생활도 어리석음이나 비정상에서 벗어날 수 없지요. 어쩌면 오류가 원칙일지도 모릅니다. 최근에서야 프랑스 해군은 수병들에게 수영을 가르치기 시작했으니 말입니다. 그러나 모범과 질서가 원칙이라는 점은 뒤바뀌지 않습니다. 따라서 이러한 모든 사실에는 강력한 사회학적 원인이 숨어 있는 것입니다. 여러분도 같은 생각이길 바랍니다.

다른 한편, 내가 지금까지 언급한 것은 신체의 움직임이므로 이 모든 것은 거대한 생물학적, 생리학적 장치를 전제로 합니다. 심리학적 장치의 톱니바퀴는 얼마나 두꺼울까요? 나는 일부러 톱니바퀴라고 말했습니다. 꽁트주의자라면 사회적인 것과 생물학적인 것 사이의 간극은 없다고 주장했을지도 모릅니다. 하지만 내가 말할 수 있는 것은, 여기에서 심리학적 사실은 톱니바퀴일 뿐 원인이 아니라는 점입니다. 창조와 혁신의 순간이라면 심리학적 사실이 원인이 될 수도 있습니다. 하지만 무언가를 발명하거나 어떤 원리를 정립하는 경우는 드물지요. 개개의 적응은 개인의 심리적 문제입니다. 그러나 일반적으로 적응은 교육에 의해서, 적어도 공동생활과 접촉의 여러 상황에 의해서 좌지우지되는 문제입니다.

한편, 오늘날 심리학이 다루어야 할 의제로 두 가지 큰 문제가 있습니다. 하나는 개인적 능력과 테크닉의 지도에 관한 문제이고 다른 하나는 인간의 유형적 특성과 체질유형학(biotypologie)에 관한 문제입니다. 내가 조금 전 수행한 간략한 연구도 이 두 가지 문제를 공유하고 있습니다. 내 생각으로는, 최근 심리학이 거둔 커다란 성과는 소위 심리학의 각 학부에서 이루어진 것이 아니라, 정신기법(psychotechnique)과 심리적 "총체"의 분석에서 이루어진 것입니다.

여기서 민족학자는 이러저러한 인종의 심리적 가능성, 이러저러한 민족의 이러저러한 생물학이라는 커다란 문제에 직면하게 됩니다. 이것은 근본적 문제입니다. 나는 여기서도 좌우간에 우리가 생물학적, 사회학적 현상들을 다루고 있다고 생각합니다. 이 모든 테크닉 교육의 기본은 몸을 그 용법에 맞게 적응시키는 데 있습니다. 예를 들어 인류 대부분이 입문식에 극기 훈련 같은 혹독한 시련을 도입한 목적은 평정, 인내력, 진지함, 침착함, 위엄 등을 가르치기 위해서입니다. 오래전 등산을 하면서 내가 찾아냈던 주된 효용은, 깊은 협곡 가장자리의 가장 좁은 바위틈에서도 선 채로 잘 수 있는 평정을 기르는 것이었지요.

시각 교육과 오르기, 내려가기, 달리기와 같은 걷기 교육처럼, 나는 각 인종이 몸의 특정한 효율을 위해 선택한 이 모든 교육이야말로 역사 그 자체의 근본적 계기 중 하나라고 생각합니다. 특히 평정을 가르치는 교육도 여기에 포함됩니다. 평정은 무엇보다도 무질서한 움직임을 지연하고 금지하는 기제입니다. 그것을 지연함으로써 우리는 몸의 움직임을 다시 조정해 적합한 반응을 끌어낼 수 있습니다. 그렇게 해서 애초 선택된 목적으로 다시 나아갈 수 있지요. 엄습하는 정신의 동요에 저항하는 것은 사회생활이나 정신생활 모두에서 기본적으로 지녀야 할 태도입니다. 이런 저항은 이른바 원시사회들을 분리할 뿐 아니라 분류하기까지 합니다. 그 반응이 다소 난폭하고 경솔하고 무의식적인가, 아니면 반대로 따로 분리된 정확하고 명료한 의식에 의해 지배되는가에 따라서 분류되는 것이지요.

의식이 개입하는 것은 사회 덕분입니다. 무의식 덕분에 사회가 개입하는 것은 아닙니다. 사전에 준비된 동작의 확실성, 감정과 무의식에 대한 의식의 지배는 모두 사회 덕분입니다. 프랑스 해군이 수병에게 수영을 배우라고 강제하는 데에는 그럴만한 이유가 있습니다.

여기서 우리는 훨씬 더 철학적인 문제로 쉽게 넘어갈 수 있습니다.

우리 동료 그라네가 도교의 테크닉과 몸 테크닉, 특히 호흡 테크닉을 훌륭하게 연구했는데[18], 그 연구를 통해 이미 알려진 사실에 여러분이 주목했는지는 모르겠군요. 요가에 관한 산스크리트 원전을 꽤 연구한 덕에 나는 비슷한 사실이 인도에서도 나타난다는 것을 알게 되었습니다. 나는 우리의 모든 신비적 상태의 기저에는,

---

18   (옮긴이) 마르셀 그라네가 저술한 *La civilisation chinoise, la vie publique et la vie privé*, Paris: La Renaissance du Livre(1929)를 가리킨다.

우리는 아직 연구하지 못했지만 중국과 인도에서는 아주 오래전 완벽하게 연구된 몸 테크닉이 분명히 존재한다고 생각합니다. 신비주의에 대한 이러한 사회학적, 심리학적, 생리학적 연구는 반드시 이루어져야 합니다. 나는 "신과 소통"할 수 있게 해주는 생물학적 수단이 틀림없이 존재한다고 생각합니다. 호흡법 등의 테크닉에 관한 기본적 견해가 인도와 중국에서만 나타난다고 해도, 나는 이 테크닉이 훨씬 더 널리 퍼져 있다고 생각합니다. 어쨌든 이제 우리는 지금까지 이해하지 못했던 많은 사실을 이해할 방법을 가지고 있습니다. 나는 심지어 반사요법[19]이 최근에 이룬 모든 성과도 우리 사회학자의 관심을 받을 만하다고 생각합니다. 우리보다 훨씬 유능한 생물학자와 심리학자도 이미 관심을 두고 있으니 말입니다.

---

19 (옮긴이) 인체의 특정 부위를 자극해 다른 부위에 반사 반응을 일으켜 자극을 준 부위와 전신의 건강을 증진한다는 치료법으로 고대 중국과 이집트, 인도에서 사용되었다고 전해진다.

4
심리학과 사회학의
실질적이고 실천적인 관계[1]

1   이 글은 모스가 1924년 1월 10일 프랑스 심리학회에서 발표한 강연문으로 같은 해 『정상 및 병리 심리학 저널』(21권)에 게재되었다. 이 강연문은 앞의 세 강연문의 공통된 논점과 주제를 총괄하는 텍스트로서 본서의 마지막에 배치하였다. 모스는 이 강연문에서 감정 표현과 죽음의 강박관념, 몸 테크닉과 같은 구체적 현상들을 상징체계의 전망에서 독해할 수 있는 근거를 하나하나 검토하며, 심리학과 생리학, 사회학이 공유하는 풍요로운 관찰 영역에서 인간을 분할 불가능한 총체적 존재로 연구해야 할 당위를 상세히 설명한다.

심리학에 전적으로 문외한은 아니더라도 한낱 아마추어에 불과한 저를 여러분의 동료로 맞이해주셔서 영광입니다. 하지만 다소 우려스럽습니다. 여러분은 우리의 지식 중에서 가장 뛰어난 것을 찾아내는 법을 알고 있습니다. 물론 이를 두고 불평하는 것은 아닙니다. 우리가 가진 생각과 사실을 여러분의 평가에 맡기는 것은 우리의 엄연한 의무이지요. 하지만 다른 한편, 앞으로 감행할 이 지적 모험에서 우리는 중대한 실수를 범할지도 모릅니다. 그때 여러분의 정당한 비판으로 우리가 의기소침해져 연구를 이어가지 못하는 일이 생기지 않도록 주의를 부탁드립니다. 당장은 이 연구의 중요성을 증명할 수 없더라도 여러분과 다른 관점에서 보면 그것이 훌륭하고 진리일 수도 있기 때문입니다.

오늘 나는 여러분의 학문에 실질적인 기여를 하려는 것이 아닙니다. 그보다는 쉽게 완수할 수 있는 임무로서, 사회학과 심리학에 대한 일종의 전체적인 검토와 비교, 평가를 시도하려고 합니다. 이런 일이 생각보다 유용할 때가 많습니다.

언젠가 가장 뛰어난 사회학자에 속하는 내 동료가 "학문을 할 줄 모르는 사람이 학문의 역사를 만들어 그 방법을 들먹이거나 영향력을 비판한다"라고 재치 있게 말한 적이 있습니다.

어떻게 보면 나도 쉬운 길을 마련해 무언가를 창안하는 어려움을 피한 셈입니다. 심리학과 사회학의 관계를 논하는 일이 꽤 훌륭하고 철학적으로 보일지 모르지만, 어떤 문제에 관해 사실상 또는 이론상 최소한이나마 진전하는 것보다는 결코 중요하지 않습니다. 하지만 내가 이해하는 바로는, 오늘날 두 학문 사이에 성립했고 또 앞으로도 당분간 성립해야 할 실천적 관계와 현실적 관계를 실질적으로 논의한다고 해서 즉각적인 효용성과 중요성이 없는 것은 아닙니다.

이런 논의는 이제 철학적 문제가 아니기 때문입니다. 우리는 심리학도 사회학도 옹호할 필요가 없습니다. 베버[2]와 페히너[3], 분

2   (옮긴이) 에른스트 하인리히 베버(Ernst Heinrich Weber, 1795~1878)는 독일의 해부학자이자 생리학자로서 신경 자극 실험 분야의 선구자이다. 특히 1846년 발표한 『촉각과 일반감각』은 실험심리학과 생리학의 초석을 놓은 것으로 인정받고 있다.

3   (옮긴이) 구스타프 테오도르 페히너(Gustav Theodor Fechner, 1801~1887)는 독일의 물리학자이자 심리학자로서 자극과 감각의 양적 관계를 측정하는 실험 방법으로 '정신물리학'과 '실험심리학'의 창시자가 되었다. 특히 감각의 강도와 자극의 강

트[4]와 리보[5]의 영웅시대 — 이런 표현을 쓰게 되어 유감입니다 — 는 멀리 지나갔습니다. 심리학은 자신의 유모(乳母)였던 철학에서 이미 오래전 벗어났습니다. 마찬가지로 뒤르켐이 타르드[6]의 개인 주의적 단순화와 스펜서[7]의 노골적인 단순화, 그리고 도덕과 종 교의 형이상학자들에 맞서 사회학을 지켜낸 지 벌써 30년이 지 났습니다. 이제 누구도 우리 두 학문의 진보에 이의를 제기할 수 없습니다. 두 세대에 걸쳐 여러 학자가 자연과학의 이 새로운 두

도가 비례한다는 '페히너의 법칙(베버-페히너의 법칙)'을 발견한 것으로 유명하다.

4   (옮긴이) 빌헬름 분트(Wilhelm Wundt, 1832~1920)는 독일의 심리학자이자 철
     학자로서 실험심리학을 확립하였다. 특히 언어·풍속·신화·종교·법률 등을 민
     족정신의 표현으로 간주하고 그 법칙을 연구하는 민족심리학을 중시한 것으로 널리
     알려져 있다.

5   (옮긴이) 테오뒬 아르망 리보(Théodule-Armand Ribot, 1839~1916)는 프랑스
     의 심리학자로서 심리학을 철학으로부터 분리했으며, 생리학과 병리학의 성과와 방
     법을 적극적으로 수용해 심리학을 실험과학으로 구축했다.

6   (옮긴이) 장 가브리엘 타르드(Jean Gabriel Tarde, 1843~1904)는 프랑스의 사회
     학자로서 심리학적 사회학과 미시사회학의 창시자로 간주되고 있다. 뒤르켐의 소위
     사회실재론적 입장에 반대하여 개인들 간의 모방 관계를 기초로 사회현상을 설명했
     다.『여론과 군중』,『모방의 법칙』,『모나돌로지와 사회학』,『경제심리학』 등의 저서
     를 남겼다.

7   (옮긴이) 허버트 스펜서(Herbert Spencer, 1820~1903)는 영국의 철학자로서 사
     회학과 정치철학을 비롯해 진화론과 생물학에 커다란 영향을 미쳤다. 생물 개체를
     포함해 자연과 문명이 단순성에서 복잡성으로 진화해나간다는, 비교진화론적 사회
     학의 초석을 세웠다. 주저로는『사회 정학』,『생물학 원리』,『심리학 원리』 등이 있다.

분야에서 동시에 연구를 진행했고, 그 덕분에 우리는 영혼, 존재, 선(善) 그 자체를 다루는 신학자와 논리학자의 영향권에서 벗어날 수 있었습니다. 이들 공동 창시자로는 독일의 바이츠[8]와 분트, 영국의 로매니스[9]와 러벅[10] 그리고 프랑스의 에스피나[11]를 꼽을 수 있습니다. 40년간 끊임없는 노력으로 우리 두 학문은 현상학 (phénoménologie)이 되었습니다.[12] 우리는 두 가지 특별한 영역이 존재한다는 것을 압니다. 하나는 의식의 영역이고 다른 하나는 집합의식과 집합체의 영역입니다. 우리는 이 두 영역이 세계와 삶

---

8   (옮긴이) 프란츠 테오도르 바이츠(Franz Theodor Waitz, 1821~1864)는 독일의 인류학자이자 철학자로서 신체 형질과 문화의 연관성을 비롯해 미개민족의 정신생활 등을 고찰했다. 『미개민족의 인류학』, 『심리학의 기초』 등의 저서를 남겼다.

9   (옮긴이) 조지 존 로매니스(George John Romanes, 1848~1894)는 영국의 생물학자로서 동물과 인간의 심적 능력의 발전을 진화의 입장에서 연구하였다. 주요 저서에는 『동물과 인간의 심적 능력 발달의 상사성』, 『발달주의 심리학』 등이 있다.

10 (옮긴이) 존 러벅(John Lubbock, 1834~1913)은 영국의 인류학자이자 고고학자로서 석기시대를 구석기시대와 신석기시대로 구분하여 고고학 연구를 진전시켰다. 구석기문화를 이해하기 위해 현존하는 미개민족의 생활을 조사하려는 연구 방향을 구축하였다. 주요 저서에는 『선사시대』 등이 있다.

11 (옮긴이) 빅토르 알프레드 에스피나(Victor Alfred Espinas, 1844~1922)는 프랑스의 철학자이자 사회학자로서 꽁트의 실증주의로부터 큰 영향을 받았다. 뒤르켐의 동료였으며 보르도 대학의 교수로 있으면서 마르셀 모스에게 큰 영향을 미치기도 했다. 『동물사회』, 『기술의 기원』 등의 저서를 남겼다.

12 (옮긴이) 여기서 말하는 현상학은 이른바 본체(本體)의 본질을 다루는 학문이 아닌 경험적 현상의 학문을 지칭한다.

그리고 자연 속에 존재한다는 것을 압니다. 이것만으로도 이미 대단한 일이지요. 그 덕분에 지난 사반세기 동안 우리 가운데 일부는 사회 속에 사는 인간의 자연사를, 다른 일부는 개인의식 현상 이론을 연구할 수 있었기 때문입니다. 두 가지 기본 지점, 즉 사회학과 심리학의 현상학적·실험적 성격과 두 학문의 구분에 관해서는 우리 모두 동의합니다. 우리를 가르는 유일한 문제는 측정의 문제와 사실의 문제입니다.

따라서 나는 실천적이고 실제적인 문제만 제기할 생각입니다. 우리 두 학자 집단 사이에 현재 어떤 관계가 존재하며, 가까운 장래에는 어떤 관계가 바람직한가? 어떤 협력을 모색해야 하고 어떤 갈등을 피해야 하는가? 우리가 서로 자제해야 할 상대편 분야에 대한 부당한 침범은 무엇인가? 여러분이 우리에게 제기하는 문제들 가운데 우리가 실제로 대답할 수 있는 것은 무엇인가? 또한 여러분이 이미 규명해서 우리의 연구를 진전시켜줄 수 있는 문제는 무엇인가? 우리가 여러분에게 제기해야 할 문제들 가운데, 여러분의 연구를 진척시켜 결과적으로 우리의 연구 또한 진일보할 수 있게끔 다소 시급히 제기돼야 할 문제는 무엇인가? 바로 이것이 내가 오늘 여러분과 논의하고 싶은 전부입니다.

그럼 현재 우리 학문 사이의 명확하고 현실적인 관계가 무엇인지 살펴봅시다.

1. 인류학에서 사회학의 위치

만약 우리가 심리학적 현상과 사회학적 현상을 더 이상 정의하지 않고 후자를 [꽁트 식으로] 사실이 나타난 순서와 학문이 출현한 순서에 따라 단순히 배치하는 것으로 만족한다면, 심리학과 사회학의 실질적 관계라는 문제는 이미 매우 명확히 제기된 셈입니다.

오히려 이런 방식으로 질문을 제기함으로써 집단심리학에서 그토록 많은 논란이 됐던 문제들을 일시적으로나마 해결할 수 있다는 점도 알 수 있을 겁니다.

첫째, 사회는 살아 있는 존재들 사이에서만 존재합니다. 사회학적 현상은 생명에 관련됩니다. 그러므로 심리학과 마찬가지로 사회학도 생물학의 일부에 지나지 않습니다. 여러분도 나도 살과 뼈를 가진 사람만을, 살아 있거나 살아 있었던 사람만을 다루기 때문입니다.

둘째, 사회학은 **인간**심리학(psychologie humaine)과 마찬가지로 인류학이라는 생물학의 한 분야에 속합니다. 여기서 인류학은 인간을 살아 있고 의식을 지닌 사회적 존재로 여기는 학문의 총체를 뜻합니다.

외람된 말씀입니다만, 지금 나로서는 사회학의 좁은 테두리에서 벗어날 수 있다면 역사학자나 인류학자 때로는 심리학자가 되고 싶을 따름입니다. 그건 그렇고 사회학은 인류학적일 뿐이라는 말이 정확히 무슨 뜻인지 말씀드리겠습니다. 생리학과 마찬가지로 심리학은 인간만을 연구하는 학문이 아닙니다. 예를 들어 우리의 동료 라보(Étienne Rabaud)[프랑스의 동물학자]와 피에롱(Henri Piéron)[프랑스의 심리학자]은 동물의 전체 범위에서 실험 대상을 선택하지만, 우리 사회학자는 인간에 관한 사실만을 관찰하고 기록합니다.

이 점을 분명히 지적해두고 싶군요. 나는 여기서 동물사회라는 어려운 문제에 봉착하고 있습니다. 언젠가 젊은 학자들이 동물사회에 주목하면서 틀림없이 이 문제에서 새로운 진척을 이루게 되겠지요. 하지만 그때까지는 어느 정도 자의적이더라도 이 모든 임시적 조건 안에서 충실하게 일을 진행해야 합니다. 인간사회는 본래 동물사회이며, 동물사회의 모든 특성은 인간사회에서도 발견됩니다. 그러나 양자를 전혀 다른 범주로 삼을 정도로 확연히 구별하는 특성도 있습니다. 가장 잘 조직된 유인원 집단의 행동에서도, 가장 힘세고 오래 살아남은 포유동물 무리나 가장 고도로 진화한 곤충 사회에서도, 우리는 일반의지와 서로의 의식에 행사되는 압력을 비롯해 관념의 소통, 언어, 실천적이고 심미적인 기술, 집단화, 종교 등 한마디로 우리 공동생활의 특성인 제도를 찾아볼 수 없습니다. 그런데 우리는 바로 그러한 제도

— 제도는 우리에게 기본적 사실이자 명백한 사실, 즉 코기토 에르고 숨(cogito ergo sum)과 같은 것입니다 — 가 우리를 사회적 인간으로 만들 뿐 아니라 단적으로 인간 그 자체로 만든다고 느낍니다. 누군가가 동물사회에도 제도에 조금이나마 필적할 만한 것이 있음을 보여준다면, 나는 기꺼이 양보하고 사회학이 동물사회를 고려해야 한다고 말할 겁니다. 그러나 나는 아직 그런 것을 보지 못했습니다. 그때까지는 인간을 다루는 사회학에 계속 전념할 수 있겠지요. 따라서 첫 번째 차이점으로 심리학은 인간의 심리학에만 국한되지 않지만, 사회학은 엄밀히 인간만을 다룬다는 것을 지적할 수 있습니다.

그런데 사회의 다른 특성에서 유래한 차이점도 있습니다. 둘 다 인류학이라고 해도 인간 심리학과 사회학의 탐구 영역은 서로 다릅니다. 사실 이 두 학문 사이에는 결정적인 차이가 있습니다. 인간 심리학은 개인행동을 관찰해 얻은 사실만을 연구합니다. 반면 **집단심리학**은 이론(異論)이 분분한 학문이지요. 나는 이 논쟁적 학문을 둘러싼 공개 토론에 참여할 수 있어도 어떤 결론을 단번에 내릴 생각은 없습니다. 하지만 이 용어가 무엇을 뜻하는지는 분명하게 밝힐 수 있습니다.

맥두걸[13] 씨의 견해에 맞서 설명해 보겠습니다. 그에게 사회학은 기본적으로 일종의 집단심리학입니다. 친절하게도 때때로 우리에게 몇 가지 단편적 정보를 남겨주었고 심리학의 이 분야[집단심리학]가 매우 특수하다고 생각했음에도, 맥두걸 씨는 사회학을 인정하지 않고 개인의 상호작용 연구로 환원해 버렸습니다. 그의 견해는 익히 잘 알려졌으니 더 이상 언급하지 않겠습니다. (맥두걸의 저서 『사회심리학 입문(*An Introduction to Social Psychology*)』과 『집단심리(*The Group Mind*)』에 관해서는 다비(Georges Davy) 씨가 『정상 및 병리심리학 저널』에 게재한 서평을 참고하시기 바랍니다).

만약 사회가 개인들만 포함하고 사회학자가 그들 개인에게서 의식 현상만 (집단성이 각인된 표상이라고 해도) 고찰한다면, 우리도 아마 맥두걸 씨에 동의하면서 "사회학 즉 집단심리학은 심리학의 한 장(章)에 불과하다"라고 말해야겠지요. 왜냐하면 자의적인 것, 상징적인 것, 외적 암시(la suggestion extérieure), 전(前)결합(la pré-liaison), 특히 제약(이는 다른 사람의 의식 효과 중 하나에 불

---

13 (옮긴이) 윌리엄 맥두걸(William McDougall, 1871~1938) 영국의 심리학자이자 사회심리학 창시자 중 한 명이다. 진화론적 경험주의의 입장에서 생물학적·진화론적·목적론적 심리학을 수립하려고 하였으며, 개인심리의 본능과 정서 개념으로부터 인간의 자기의식은 물론 사회현상까지 설명하는 사회심리학을 구상하였다. 『사회심리학입문』, 『집단심리』 등의 저서를 남겼다.

과합니다)처럼 집단이 존재함을 인정하게 해주는 다양한 특징들[14],

14 (옮긴이) 여기서 모스가 집단이 존재함을 증명하는 표식으로 제시한 '자의적인 것', '상징적인 것', '외적 암시', '전(前)결합'은 모스의 사회학과 인류학의 독자성을 가장 잘 드러내는 개념에 해당한다. 모스는 이 개념들을 일관되고 체계적인 방식으로 설명하기보다 자신의 여러 텍스트 곳곳에 다소 무질서하게 제시한다. 여기서는 이 개념들의 의미를 간략하게 지적하기로 한다.
우선 모스는 '자의성'을 모든 사회현상(그것이 단어, 도구, 제도, 언어, 과학이든 상관없이)의 본질적 속성으로 간주하면서(Marcel Mauss, "Les civilisations, éléments et formes"(1929), in *Œuvres* 2 (Paris: Les Editions de Minuit, 1969), 470쪽 참조), 온갖 사회적 분류체계가 그 자의적 성격에도 불구하고 집단에 의해 공인되고 정당화되며, 전통과 교육을 통해 강요되거나 자연스럽게 전수된다는 점에서 성공적으로 자의성이라는 자기 속성을 감추고 있다는 사실에 주목한다.
한편 모스는 대부분의 사회현상, 특히 의례와 신앙의 범주에 속하는 광범위한 사실들이 언어와 같은 상징적 성격을 지니며 또한 언어처럼 상징적으로 구성되어 있다고 주장한다. 가령 「감정 표현의 의무」에서 모스는 오스트레일리아 원주민들이 장례식에서 눈물을 흘리며 울부짖는 소리를 내는 것도 일종의 언어적 현상으로서 의미를 생산하는 상징체계에 속한다고 해석한다.
외적 암시는 집합적인 것이 개인의 몸과 정신에 스며드는 현상, 더 정확히 말해 사회적인 것, 생리적인 것, 심리적인 것의 삼중 결합으로 구성된 총체적 현상과 깊이 연관된다. 집단이 암시하는 죽음의 관념 효과로 실제 신체적 죽음에 이르는 개인들이 바로 외적 암시의 대표적 사례로 볼 수 있다. 특히 모스는 아노미적 자살과 파시즘의 대중적 확산 그리고 소규모 혁명집단의 정치적 폭력 효과 역시 외적 암시와 결부된 중요한 현상으로 간주한다(Marcel Mauss, *Écrits politiques*(Fayard, 1997) 참조).
전결합은 자의적인 것이 집단에 의해 공인되고 정당화되는 현상과 맞물려 있는 중요한 개념이다. 가령 모스는 주술적 판단의 효력이 집단적 믿음과 기대에 따라 '자의적으로 미리 결합된 관념들의 연쇄'에 기인함을 보여준다. 주술적 판단의 가치는 경험적 사실로도 논리적 연역으로도 결정되지 않는다. 그것은 사실과 논리 이전에 성립된 판단, 즉 '전결합'된 판단으로 그 자체 반복되고 전수되고 강제되는 특성을 지닌다. 이런 점에서 전결합은 언어적 상징체계의 특성, 즉 현실 세계의 대상과 아무런 내적 집단이 바로 표상을 촉발했음을 지각하게 해주는 특징들, 바로 이런 특징들조차 결국 상호심리학(interpsychologie)으로 해석될 수 있기 때문입니다. 따라서 집합표상만 대상으로 삼거나 의식 상호 간 압력으로 의식 활동이 증식하는 현상만 대상으로 삼는 학문이라면, 그런 특수한 학문을 구축한다고 해도 크게 유용하지는 않을 겁니다. 만약 사회에 존재하는 것이 그런 것들뿐이라면 집단심리학만으로 충분하고 우리도 거기서 멈추겠지요. 그러나 맥두걸 씨가 '집단심리' 혹은 집단정신을 아무리 훌륭히 설명했더라도 그것만으로는 불충분합니다. 그의 설명에는 추상화의 남용이 있습니다. 거기서는 집합의식이 자신의 물질적이고 구체적인 기반으로부터 분리되어 있습니다. 집합표상이 아무리 중요하고 지배적이더라도 사회에는 그 이외의 것이 존재합니다. 프랑스에도 조국에 대한 관념 이외의 것이 존재합니다. 영토가 있고 수도(首都)가 있고 현지화된 것(adaptation)이 있습니다. 무엇보다 프랑스 사람들이 존재하고 그들의 분포와 역사가 존재합니다. 한마디로 집단정신의 이면에는 세 가지 측면에서 연구할 만한 집단이 있습니다.

연관성 없이 자기 충족적이고 자기 규정적으로 성립하는 언어 구조의 특성을 드러내는 개념으로 볼 수 있다. 이에 관해서는 "Esquisse d'une theorie generale de la magie,"(1902) *Sociologie et anthropologie* (PUF, 1969)을 참조할 수 있다.

그리고 이 세 가지 측면 때문에 사회학은 여러분의 관할권에서 벗어납니다. 그 세 가지 측면은 다음과 같습니다.

1. 우선 사물과 인간이 있습니다. 즉 신체적인 것과 물질적인 것이 먼저 있고 그다음으로 수(數)가 있습니다. 실제로 장소와 시간에 따라 사물과 인간은 집계되고 계산되며 분류되고 분포됩니다. 남녀노소는 그 수치적 비율에 따라 다양한 세대를 구성합니다. 그러므로 사회학과 사회학자는 '집단심리'에서 '집단'으로, '집단'에서 그 경계로 둘러싸인 구역으로, 군집 감정으로, 혈통과 입양을 통한 의도적 제한으로, 성별, 연령별, 출생률, 사망률 사이의 여러 관계로 부단히 오고 갑니다. 한마디로 형태학적 현상이 있습니다.

2. 하지만 형태학적 현상만 수치화될 수 있는 것은 아닙니다. 사회의 생리학, 즉 사회의 기능과 관련된 또 다른 통계학적 현상도 있습니다. 이런 각도에서 보면 순수한 개념과 집합표상조차 놀라운 수치적 양상을 띱니다. 예를 들어 아리스토텔레스가 계산에 유용하다고 지적한 바 있으며, 경제적 척도이자 유일하게 정확한 척도로서 가격을 측정하는 데 쓰이는 가치 개념과 화폐 개념이 그러합니다. 오늘날 프랑스인이라면 누구나 이런 집합표상의 위력과 난폭한 독자성, 수량적 성격을 지겹도록 맛보고 있습니다. 그

런데 이것 말고도 통계적 방법을 쓸 수 있는 현상은 상당히 많습니다. 삶에 대한 집착, 직무상 과실, 범죄 행위, 종교적 감정의 강도 등도 통계적으로 측정할 수 있습니다. 이런 점에서 사회학자는 심리학자가 갖고 있지 않은 검증과 측정 수단을 활용한다고 말할 수 있지요. 만약 사회학자가 충성스러운 하인처럼 통계적으로 미리 처리된 사실을 여러분 심리학자의 비판적 판단에 바치지 않았더라면, 여러분은 이 검증과 측정 수단이 사회학자의 수중에 있다는 사실을 마냥 부러워했을 겁니다.

3. 마지막으로 모든 사회적 사실 뒤에는 역사, 전통, 언어, 관습이 존재합니다. 현재 역사적 방법과 사회학적 방법의 사용에 관한 모든 문제가 활발히 논의되고 있습니다. 상당한 통찰력을 갖춘 이들, 그중에서도 지금은 고인이 된 우리의 동료 리버스[15]와 엘리엇 스미스[16]에 따르면 민족지학과 사회학은 사회의 자연사가 사회의

---

15 (옮긴이) 윌리엄 할스 리버스(William Halse Rivers, 1864~1922)는 영국의 심리학자이자 인류학자로서 1902년 인도 남부의 토다족(族)을 현지에서 관찰했으며 그 뒤 멜라네시아로 현지 조사를 떠나 미개사회의 친족 조직을 연구하기도 했다. 친족 용어의 심리적 언어학적 측면을 강조했으며 급진적 전파주의 즉, 문화 요소의 전파(확산)에 의해 문화의 차이나 발전이 야기된다고 보는 관점에 심취하기도 했다. 저서로는 『친족관계와 사회조직』, 『멜라네시아 사회의 역사』 등이 있다.

16 (옮긴이) 그래프턴 엘리엇 스미스(Grafton Elliot Smith, 1871~1937)는 영국의 인류학자이자 해부학자로서, 미라 제작법과 피라미드를 포함한 거석문화 등에 관심을

역사에 기여할 수 있을 때만 관심을 끌 수 있을 뿐입니다. 이에 관한 논쟁은 광범위하게 이루어지고 있지만, 아직 형식적 수준에 머무르고 있습니다. 같은 사회적 사실이라도 다양한 수준에서 제시될 수 있으며, 비교 연구가 역사적 계보 관계를 배제하는 것은 아니기 때문입니다. 그러므로 사회학자는 어떤 사회적 사실이든, 가령 발명처럼 새롭고 혁명적으로 보이는 사실일지라도 과거를 온몸에 짊어지고 있음을 항상 명심해야 합니다. 사회적 사실은 시간상 매우 멀리 떨어진 상황과 극히 복잡한 역사적·지리적 결합 관계의 결과입니다. 따라서 사회적 사실을 고도로 추상화하더라도 그 지역색과 역사적 지층을 완전히 배제해서는 안 됩니다.

따라서 형태학적, 통계학적, 역사학적이라는 세 가지 관점에서 봤을 때 사회학은 심리학에게 요구할 것이 아무것도 없습니다. 사회학은 집합표상을 대상으로 삼는 연구의 중요한 부분에 관해서만 심리학의 도움이 필요할 뿐입니다. 즉 여러 관념과 그것들로 구성되는 동기, 그 관념들에 대응하는 사회적 실천이나 행동을 연구할 때 말입니다. 원하신다면 그 부분을 다루는 장(章)을 집단심

두고 연구하였으며 세계 문명의 기원이 이집트라고 주장하였다. 저서로는 『문명의 기원』 등이 있다.

리학이라고 부르도록 합시다. 아니, 그저 짧게 사회학이라고 부르는 편이 더 낫겠군요.

우리 학문의 이 분야[집합표상]가 아마 필수적인 분야일 겁니다. 도구와 숫자, 역사를 가지고 사람들은 땅 위에서만큼이나 종교, 조국, 화폐라는 공통 관념을 축으로 집단을 이루기 때문입니다. 심지어 전쟁처럼 가장 물리적인 현상조차도 사물보다 관념에 훨씬 더 좌지우지됩니다. 다만 사회적 사실에 대한 다양한 생리학적 · 심리학적 사실이 갖는 상대적 독자성이라는 문제는 아직 측정된 바 없으며, 사회 안에서 심리적 사실과 물리적 사실의 관계역시 아직 알려지지 않았습니다. 따라서 집단심리학에 속하는 사회학의 이 분야가 필수적이라고 해도, 우리는 그것이 다른 분야로부터 분리될 수 있다고 생각하지 않습니다. 또한 그 분야가 심리학에 속할 뿐이라고도 생각하지 않습니다. 집단심리학 혹은 "심리학적 사회학"은 그 이상이기 때문입니다. 여러분도 이 집단심리학이 어떻게 심리학을 잠식하는지, 그로 인해 어떤 결론이 도출되는지 두려움을 가지고 지켜봐야 합니다.

여기서 문제가 되는 것은 더 이상 사회학이 아닙니다. 문제는 이상하게도 심리학 자체로 되돌아갑니다. 심리학자들은 우리의 협력을 수락하면서도 자신을 방어하는 편이 나을 겁니다. 실제로 관념, 개념, 범주, 전통적 행동 및 관행의 동기, 집단감정, 정서와 감정의 관용적 표현 같은 집합표상 영역은 개인의식에서도 — 우리는 개인의식을 연구해야 한다고 힘주어 강조해왔습니다 — 매우 중요해서 때때로 우리 자신이 개인의식의 상층부 연구를 전부 도맡고 싶을 정도입니다. 대부분 사회적이라고 할 수 있는 고차(高次)적 감정들, 즉 이성, 인격, 선택 의지 혹은 자유, 실천적 습관, 정신적 습관과 성격, 이러한 습관의 변화, 이 모든 것은 그 밖의 다른 많은 것과 함께 우리의 연구 범위에 속합니다. 따라서 종교와 인간성을 형성하는 데 분명 결정적 역할을 했을 리듬과 노래라는 이 경이로운 사실과 더불어 음조와 박자의 조화, 심지어 몸짓과 목소리의 조화, 더 나아가 음악처럼 들리는 비명과 춤동작이 동시에 표출되는 조화, 이 모든 것도 우리와 관련됩니다.

　문제는 여기서 그치지 않습니다. 나는 고인이 된 리버스에 동의했던 것처럼 우리의 동료 뒤마와 블롱델[17]과도 견해를 같이합니다. 우리 사회학은 신체의 생명 현상을 다루는 생리학에 매우 근접해 있어서 개인의식의 층이 사회적인 것과 생리적인 것 사이

17　(옮긴이) 샤를 블롱델(Charles Blondel, 1876~1939)은 프랑스의 철학자이자 심리학자이다. 뤼시앵 레비브륄의 심성 개념을 심리학에 적용했으며, 이후 망딸리떼(mentalité)라는 개념을 발전시켜 뤼시앵 페브르와 마르크 블로크가 주축이 된 아날학파 형성에 큰 영향을 미쳤다. 『원시적 심성』, 『집단심리학 입문』 등의 저서를 남겼다.

에 눌려 아주 얇게 보일 정도입니다. 웃음, 눈물, 장례식의 애가(哀歌), 의례적 감정 분출은 의무적으로 표현해야 할 몸짓이자 기호이면서 동시에 생리적 반응입니다. 다시 말해 유무형(有無形)의 기대를 유무형의 형태로 발산하기 위해 집단이 제안하거나 사용하는 의무적이고 필수적인 감정입니다.

하지만 염려하지는 마십시오. 우리는 누구보다도 도리를 지키면서 심리학의 경계를 존중하려고 합니다. 크든 작든 개인의식의 요소가 있으면 그것에 전념하는 개별 학문이 있어야 한다는 점은 충분히 정당화될 수 있습니다. 게다가 우리는 그런 학문을 부정할 생각도 없습니다. 개인의 정신이 집합표상이나 집단정서에 완전히 침식되더라도, 혹은 개인의 활동이 배를 끌거나 전쟁터에서 싸우고 전진하고 도주하는 것처럼 전적으로 집단적 활동에 전념하더라도, 개인이 특정 행위와 인상의 원천이라는 사실에 대해 우리는 이견이 없습니다. 그런 상황에도 개인의식은 여러분의 고찰 대상이 될 수 있고 또 그래야만 하며, 우리 자신도 이 점을 고려해야 합니다. 집단이 암시하는 힘이 어떠하든, 집단은 항상 개인에게 개인의식이라는 성역을 남깁니다. 바로 이 성역이 여러분이 연구해야 할 몫이지요.

더 이상 구분 짓지 맙시다. 만일 심리학과 사회학의 경계에 관한 설명이 내 실제 목표에 부합하지 않았다면, 나는 학문 간 경계를 애초에 문제 삼지 말았어야 했겠지요. 학문의 진보는 그것의 원리나 핵, 중심부뿐 아니라 다른 학문과의 경계 및 그 바깥 가장자리에서도 일어납니다. 내가 제기하는 것은 방법의 문제가 아닙니다. 즉 우리가 서로 대립할 수 있고 또 대립할 수밖에 없는 관점의 문제가 아니라, 서로 다른 시각에서 협력하여 연구해야 할 공통 사실에 관한 문제입니다. 따라서 학문 간 경계를 긋는 일은 이미 우리가 원하는 연구 방향이 무엇인지를 말하는 것이지요. 이러한 관점에서 나는 사회학자와 심리학자 사이에서 이미 실행된 협력 몇 가지를 열거하고 그 밖에 어떤 협력이 요구되는지를 살펴보겠습니다.

2. 사회학에 대해 심리학이 최근 공헌한 것

당연히 내가 여러분에게 배운 것, 그리고 앞으로 배우게 될 것부터 말씀드려야겠지요.

집합표상과 집합행위에 관한 모든 이론, 우리 연구의 모든 심리학적 영역은 사회학 외에 또 다른 세 학문에 전적으로 의존합니다. 앞서 언급했듯이 통계학과 역사학은 여러 사실과 그 상황을 우리에게 알려주며, 세 번째 학문인 심리학은 우리가 그 사실들을 이해할 수 있게, 즉 그것들이 무엇이든 간에 정확하고 알기 쉬운 과학적 용어로 표현하게 해줍니다. 내가 여러분께 말씀드려야 할 것은 이 세 번째 학문입니다.

그런데 이미 나는 집합표상과 집합행위, 즉 관념과 습관적 행위에 대해 말했으니 애초부터 불가피하게 심리학적 용어로 말해 온 셈입니다. 실제로 우리가 집합의식을 분석할 때 심리학 이외의 다른 용어를 사용할 수 없습니다. 다만 가치, 성스러움, 규칙적으로 순환하는 시간, 주변부와 중심부, 기법 등 드물긴 해도 순전히 사회적인 몇 가지 중요한 사실을 다룰 때는 우리 자신의 표현 체계를 고수하지 않을 수 없지요. 그러나 이런 일반 용어를 사용할 때, 그리고 일반적으로 집단심리학의 모든 문제에서, 여러분이 의식의 요소들과 그 결합 방식을 분석해서 이룬 진보적 결과 중 무엇 하나 우리와 무관한 것이 없습니다. 그렇기에 분트와 리보의 제자 뒤르켐, 리보의 동료 에스피나, 그리고 그들[뒤르켐과 에스피나]을 스승으로 삼아온 우리와 여러 동료 사회학자는 언제든 심리학의 진보를 받아들일 준비가 되어 있었습니다. 우리 자신이 구상한 개념과 용어 외에, 가장 많은 사실을 나타내고 가장 명확하고 가장 본질적인 생각을 함축한 유용한 용어를 제공한 학문은 심리학 말고는 없기 때문입니다.

따라서 최근 20년간 여러분이 우리에게 기여한 것 중 몇 가지를 다음과 같이 총괄할 수 있다고 생각합니다. 다만 심리학자들이 제시한 개념 가운데 몇 가지만 선택하는 데 그친 점을 양해해주십시오. 이것만으로도 심리학 개념이 우리에게 얼마나 유용했고 또 그래야만 하는지를 보여드릴 수 있습니다. 또한 이 개념들은 의식의 이런저런 측면에 관한 단편적 연구가 아니라, 의식 전체 및 의식이 신체와 맺는 관계에 관한 총체적 연구에서 나온 결과라는 점도 아울러 지적하고자 합니다. 그 이유는 나중에 알게 될 것입니다. 내가 선택한 것은 정신적(신경적) 활력과 쇠약, 강박관념, 상징, 본능, 이 네 가지 개념입니다.

1) 정신적 활력 개념

바뱅스키[18]와 자네[19] 이후 프랑스 정신의학과 신경학 학파는

18   (옮긴이) 조셉 쥘 프랑스와 페릭스 바뱅스키(Joseph Jules François Félix Babinski, 1857~1932)는 프랑스의 의학자이다. 파리 의과대학에서 샤르코의 제자로서 의학 교육과 수련을 받았다. 척수 및 뇌의 질환에 관한 여러 증후를 발견하였고 히스테리의 원인이 암시라는 이론을 발전시켰으며, 히스테리 증상이 암시로 제거될 수 있다는 암시증(pithiatism) 개념을 고안했다.

19   (옮긴이) 피에르 자네(Pierre Janet, 1859~1947) 프랑스의 심리학자이자 정신병리학자로서 파리의 살페트리에르 정신 병원에서 샤르코에게서 사사하였다. 프랑스에서는 바뱅스키와 함께 히스테리 연구에서 독보적 위치를 차지한 인물로 널리 알려

신경적 · 정신적 ─ 신경적이라고만 해도 무방합니다 ─ 강함과 약함, 활력과 쇠약에 관한 견해를 널리 퍼뜨렸는데, 이 견해는 우리 사회학자들 사이에서도 반향을 일으켰습니다. 나는 올해 안에 그 견해의 타당성을 입증할 새로운 증거와 그들 학파에 공헌할 새로운 연구 결과를 여러분에게 선보일 생각입니다.[20] 나는 폴리네시아와 오스트레일리아에서 흔히 볼 수 있는 정상적 사실, 즉 내가 "타나토마니아(thanatomanie)"[삶의 본능을 격렬히 거부하는 죽음의 광증]라고 부르는 사실에 관해 이야기하려고 합니다. 이들 문명에서는 죄를 지었거나 주술에 걸렸다고 믿은 개인이 뚜렷한 외상을 입지도 않았는데 죽음에 이르는 경우가 있습니다. 더군다나 때로 정해진 시간에 아주 신속하게 죽기도 합니다. 이 현상을 연구하면 『자살론』에서 뒤르켐이 개인과 사회의 관계에 대해 매우 섬세하고 깊게 수행한 연구를 더욱 발전시킬 수 있을 겁니다. 사회학적 · 통계학적 논증의 모범이자 전형에 해당하는 이 저서에서, 뒤르켐은 전쟁과 혁명 같은 커다란 사회적 위기가 닥치면 자살이 드물게 발생한다고 주장했습니다. 이미 그는 삶에 대한 과도한 활

져 있다. 또한 프로이트보다 먼저 무의식 개념을 정초했고 여러 가지 정신병을 검증하여 정신쇠약이라는 개념을 고안하기도 했다.

20 (옮긴이) 모스가 1926년 발표하게 될 「집단이 암시하는 죽음 관념이 개인에게 미치는 신체적 효과」를 가리킨다.

력과 무력, 용기와 나약함 같은 개념을 사용했던 것이지요. 지금
이라면 그는 훨씬 더 정확히 설명했을 겁니다. 뒤르켐은『종교생
활의 기본형태』에서도 그런 개념들을 널리 사용했습니다. 그것
들은 실제로 우리에게 도움을 줍니다. 물론 사회현상은 항상 구
체적입니다. 하지만 사회현상이 개인의식에 어떻게 나타나는지
더 정확하고 세세하게 기술할 수 있습니다. 나는 전쟁 중에 나 자
신을 관찰할 수 있었습니다. 신경이 안정되었을 때 생기는 체력
과 정신력이 어떤 것인지를 나는 폭력적인 경험을 통해 알고 있
습니다. 함께 참전한 동료의 체력과 정신력을 물리적으로 느꼈을
때 내 안에 어떤 힘이 생기는지도 알고 있습니다. 나 역시 전쟁의
공포를 체험했는데, 공황(恐慌) 상태에 빠져 집단뿐 아니라 개인
의지 그 자체, 심지어 자기보존이라는 맹목적 본능마저도 한꺼번
에 녹아버릴 정도로 강력한 공포를 느낀 적도 있었습니다.

2) 강박관념 개념

두 번째 진보는 여러분 프랑스의 신경학자와 독일의 정신의
학자가 고정관념이라는 개념을 강박관념이라는 개념으로 대체했
을 때 이루어졌습니다. 강박관념은 우리 사회학자에게도 많은 결
실을 안겨 주는 개념이어서 우리는 여러분의 연구를 주의 깊게 뒤

따르고 있습니다. 의식 전체가 어떤 상태에 처한다는 가설, 즉 스스로 발달하고 팽창하고 굴절하고 증식하고 분열하는 힘을 지닌 상태 또는 심리적 존재 전체를 지배하는 상태에 처한다는 가설은, 우리 모두에게 공통된 것이어야 합니다. 물론 우리는 정신분석학의 과장된 학설에 경도되지 않았습니다. 정신분석학의 길잡이 역할을 할 뿐 아니라 실존 인물과 실제 사례를 다루는 프로이트의 저서들이 계속 출간되지 못할 이유는 없습니다. 하지만 그 가운데 가장 최근 출간된『토템과 터부』만 생각해보더라도, 우리는 **토템**과 **터부**가 강박관념과는 별개임을 알 수 있습니다.

우리가 정신분석학의 과장된 학설에 의구심을 품는 이유는, 토템과 터부라는 관념이 엄청나게 발전하고 지속할 수 있다고 생각하기 때문입니다. 집단의 공통된 강박관념을 통해 토템과 터부를 검증하면, 우리는 이 두 관념이 어떻게 개인의식을 사로잡는지 그리고 어떻게 집단 전체가 그것을 믿고 따르는지 더 잘 이해할 수 있습니다. 과장증, 소송광(訴訟狂), 광신, 집단적 복수, 장례식에서의 환각, 침묵하며 살아가는 데 전념하는 오스트레일리아 과부가 보이는 여러 태도, 집단적 환각과 꿈, 이 모든 것이 여러분의 관찰을 통해 밝혀지고 있습니다.

이처럼 꿈에 관한 새로운 이론에는 무엇 하나 우리에게 낯선 것이 없습니다. 이 점에서 나는 여러분 가운데 한 명인 르로이[21] 박사의 훌륭한 발견에 경의를 표하고 싶습니다. 여러분이 참으로 적절하게도 "왜소증(liliputien)"[22]이라고 불렀던 꿈의 성격을 그는 꿈속에 보존된 유아기의 인상을 통해 설명합니다. 모든 신화에 존재하는 수많은 허구를 풀어줄 열쇠가 바로 거기에 있습니다. 이 발견은 분트가 장난꾸러기 요정, 꼬마 요정, 작은 악마의 우스꽝스러운 성격과 왜소함을 두고 제안한 설명과 다르지 않으며, 그에 못지않게 재미있기도 합니다. 이 발견은 또한 분트가 "프랏첸트라움(Fratzentraum)", 즉 우스운 꿈에 관해 말한 것에 견줄 만합니다. 그리고 이 발견을 통해 한편으로는 우리의 수많은 신화와 민담, 우화의 형상을, 다른 한편으로는 수많은 꿈의 형상을 보완할 수 있습니다.

21 (옮긴이) 라울 르로이(Raoul Leroy, 1869~1941)는 프랑스의 신경정신의학자로서 1922년 왜소환각(hallucination lilliputitienne)이라는 개념을 최초로 세상에 알렸으며, 바뱅스키와 함께 앙드레 브르통의 초현실주의에 큰 영향을 미친 것으로 유명하다.

22 (옮긴이) 조나단 스위프트 (Jonathan Swift)의 소설 『걸리버 여행기』에 등장하는 소인국 릴리퍼트(Liliput)에서 유래한 단어로 일반적으로 '극히 작다'는 의미를 지닌다.

3) 정신의 상징 및 정신의 본질로서 상징적 활동의 개념

오늘날 우리가 헤드의 연구를 환대하는 것은 당연한 일입니다. 전쟁이 끝난 후 나는 열정적으로 그가 수행한 연구를 알아보려고 했습니다. 게다가 학자의 삶에서 가장 순수한 기쁨이라고 할 수 있는 학술적 대화를 통해, 나는 헤드뿐 아니라 친애하는 리버스와도 의견이 완전히 일치하는 행복까지 누렸습니다. 1920년 옥스퍼드 뉴 컬리지의 아름다운 교정에서 있었던 일입니다. 당시 헤드는 실어증에 관한 훌륭한 연구 결과를 내놓았습니다. 그런데 그 연구는 무르그 박사가 같은 대상을 가지고 수행한 독자적 연구와 일치했을 뿐 아니라 나 자신이 오래전부터 품고 있었던 견해와도 너무나 가까웠기에 그다지 마음을 사로잡지는 못했습니다. [『물질과 기억』에서] 베르그손 씨도 진작부터 심리학적 원자론을 반박했는데, 그것도 바로 실어증에 관한 것이었지요. 대부분의 정신상태는 서로 고립된 요소들처럼 존재하지 않는다는 점은 이미 잘 알려진 사실이었습니다. 그런데 대부분의 정신상태는 '정신상태'라는 단어가 의미하는 것 이상의 무엇이라는 점, 전반적 상태의 기호이자 상징이고 수많은 활동과 이미지의 기호이자 상징이라는 점, 특히 의식의 가장 깊은 메커니즘에 의해 기호와 상징으로 이용된다는 점은 우리에게도 새롭고 매우 중요한 사실이었습니다. 하기야 그런 일로 우리는 놀라지 않았습니다. 오히려 그로 인해 우리의 이론은 더 일반적인 틀을 얻을 수 있었습니다. 상징이라는 개념은 종교와 법에서 도출된 것으로 온전히 우리 사회학자의 개념이기 때문입니다. 그렇지 않습니까? 이미 오래전 뒤르켐과 나는 인간 사이의 친교와 의사소통은 잇달아 뒤바뀌고 마는 개개의 정신상 태에 외재하는 영속적이고 공통된 상징과 기호를 통해서만, 그리 고 마침내 현실로 받아들여진 여러 상태의 집합을 나타내는 기호 를 통해서만 가능할 뿐이라고 가르쳤습니다. 뒤르켐과 나는 상징 과 기호가 왜 필요한지를 가정하기에 이르렀습니다. 그것은 사람 들이 시각과 청각을 통해 서로 소리치는 것을 듣거나, 다른 사람 의 몸짓을 자신의 몸짓과 동시에 느끼거나 보게 되면, 그 효과로 그것들[목소리와 몸짓이라는 상징과 기호]을 진리로 받아들이기 때문 입니다. 이렇듯 오래전부터 우리는 사회적 사실의 특징 중 하나가 바로 그 상징적 측면에 있다고 생각해 왔습니다. 대다수의 집합표 상에서 중요한 것은 하나의 유일한 사물에 대한 유일한 표상이 아 니라, 다른 표상을 의미하기 위해 그리고 실천을 지배하기 위해 다소 자의적으로 선택된 표상입니다.

여러분과 우리의 견해가 일치하기에 이제 우리가 제시한 이 론이 맞다고 확신할 수 있습니다. 개인의식에 관한 여러분의 주 장이 옳다면, 집합의식에 관해서는 더욱 그렇겠지요. 우리 각자의 연구가 이렇게 일치한다는 것이 왜 중요한지 예를 하나 들면 금방 이해할 수 있을 겁니다. 아란다족 혹은 아룬타족(중앙 오스트레일리아)의 기우제에서 참가자들이 고통스럽게 피를 흘리는 동안 — 이때 출혈은 비를 상징합니다 — 합창하는 사람들은 "느가이, 느가이, 느가이(Ngaï, Ngaï, Ngaï)"라고 외치며 노래를 부릅니다 (Strehlow, *Aranda Stämme*, III, 132쪽). 슈트렐로(Carl Strehlow)[오스트레일리아에서 활동한 독일 태생의 선교사이자 인류학자]가 현지 원주민의 말을 빌려 이 단어가 바위에 떨어지는 물방울 소리를 흉내 낸 것임을 밝히지 않았다면 우리는 이 외침이 무엇을 의미하는지 알 수 없었을 것이며, 게다가 그것이 의성어라는 사실조차 몰랐을 겁니다. 그런데 이 소리가 실제 물방울 소리만 재현하는 것은 아닙니다. 부족의 조상 신들이 오래전 휘몰아치게 했던 신화 속 폭풍의 물방울 소리도 상당히 잘 재현합니다. 그 소리는 물을 토템으로 삼은 부족의 의례적 외침이자 의성어이며, 신화에 대한 암시이자 상징입니다. 이 모두가 그 음절에 포함되어 있습니다. 가장 원시적인 단어, 시구, 노래가 그 신비로움을 에워싸는 주석에 의해 가치를 더하는 것이지요. 집단의 정신 활동이 개인의 정신 활동보다 훨씬 더 상징적이지만 두 활동 모두 정확히 같은 방향에서 상징적입니다. 이런 관점에서 보면, 두 활동 사이에는 단지 강도의 차이, 종류의 차이가 있을 뿐 유형의 차이는 없습니다.

이 상징 개념은 앞서 언급한 개념들과 동시에 사용할 수 있습니다. 그리고 이 모든 것을 종합하면 (분석 후에 종합이 옵니다) 신화, 의례, 신앙, 그 효과에 대한 믿음을 비롯해 착각, 종교적 심미적 환각, 집단적 거짓과 착란, 그리고 그것들을 바로잡는 과정과 같은 중요한 요소를 설명할 수 있습니다.

4) 본능 개념

여러분이 가르쳐 준 네 번째 개념은 비교심리학과 정신병리학 전 분야에서 높이 재평가된 본능 개념입니다.

예전에는 그토록 무시되었던 정신생활의 이 영역에서 여러분의 히스테리 해석이 어떤 중요한 역할을 했는지를 가르쳐 준 이들은 바뱅스키와 모나코프(Constantin von Monakow)[스위스의 신경병리학자] 그리고 리버스입니다.

여기에도 우리를 위한 풍요로운 광맥이 있습니다. 어느 사회학자도 아직 이 갱도를 깊이 파고 들어가지 않았지만, 그것을 따라가면 풍부한 사실이 매장된 광맥에 반드시 이르게 됩니다. 여러분에게 관념과 표상, 행위는 (그것이 회피이든 장악이든) 사물과 관련된 정신의 특정 기능이나 상태만 표현하는 것은 아닙니다. 동시에 그것들은 사물과 신체의 관계, 특히 사물과 본능의 관계도 항상 상징적으로 그리고 부분적으로 나타냅니다. 본능이란 모든 존재가 완전히 갖추고 있는 정신생리학적 메커니즘의 "충동(Trieb)"입니다. 그런데 개인심리학에서 차지하는 본능의 몫이 그러하다면, 집단심리학에서 그 몫은 훨씬 더 클 수밖에 없지요. 의식 속에서 한 사물을 나타내는 동일한 심상뿐 아니라 무엇보다도 이 사물에 영향을 받는 본능의 동일성이야말로 인간에게 공통되는 것이기 때문입니다. 인간은 상징으로 소통한다고 우리는 말했습니다. 더 정확히 말하자면, 인간은 동일한 본능을 지녀야만 상징을 가질 수 있고 그것으로 소통할 수 있습니다. 상징의 모태에 해당하는 집단적 흥분과 도취는 본능의 증식과 다르지 않습니다. 우리의 동료 리버스가 이 점을 훌륭하게 밝혔습니다. 어느 경제학파가 이익이라는 모호한 개념을 대신해 연구하고 있는 수요나 한계 수요 같은 개념도 사실상 본능의 직간접적 표현에 불과합니다. 집단심리학에서 본능이 왜 중요한지는 끝없이 보여줄 수 있습니다. 어떤 면에서 ― 여러분은 항상 이 점을 알고 있습니다 ― 사회적 삶은 확장되고 변질되고 변형되고 수정된 집단적 본능일 뿐입니다. 여기서도 나는 전쟁을 경험한 평범한 사람으로서 본능의 물리적이고 도덕적인 힘을 강렬히 느꼈던 적이 있습니다, 그 힘은 사람들을 흩어지게 하거나 결집하게 할 뿐 아니라 확장력과 억제력까지 동시에 갖추고 있습니다. 그래서 우리의 인격이 위협받는지 아닌지에 따라 존재 전체를 고무시키거나 낙담시키지요. 나는 또한 강한 사람이란 무엇보다도 본능에 저항하는 사람, 더 정확히 말해 다른 본능의 힘으로 그 본능을 교정할 줄 아는 사람이라고 느꼈습니다.

우리는 이런 사실들을 직접적으로 그리고 전반적으로 이해시킬 수 있도록 보통의 심리학 용어로 표현했는데, 이 용어가 이렇게 명확해진 것은 여러분 덕분입니다.

그런데 여기서 우리는 우연의 일치가 아니라 놀라운 부합에 주목해야 합니다. 여러분 덕분에 우리가 이룬 모든 학문적 성취는, 여러분이 심리학 그 자체에서뿐 아니라 일종의 정신생물학, 일종의 진정한 심리생리학으로 나아가는 과정에서 이룬 성취에 기인합니다. 다른 한편으로, 이 모든 학문적 성취는 정신의 특정 기능이 아니라 개인의 정신 전체에 관한 여러분의 고찰에 기인합니다. 그 보답으로 우리 역시 여러분이 고찰할 만한 사실들을 제공하려고 하는데, 그 사실들도 개인의 정신 전체에 관한 것임을 알게 될 겁니다. 이 역시 우연의 일치가 아닙니다. 나는 결론에서 왜 그런지 타당한 이유를 통해 설명할 것입니다.

3. 심리학에 대한 사회학의 기여

이렇듯 우리는 여러분에게 많은 빚을 졌습니다. 나는 우리가 결코 그 빚을 갚지 못하리라 생각합니다. 여러분의 학문을 다시 끌어다 쓰는 것 말고는 달리 보답할 길이 없을지도 모릅니다. 하지만 나는 충실한 노력을 기울여 여러 유용한 사실을 여러분에게 아주 많이 알려드리고 싶습니다. 나는 그 사실들을 열거함으로써 여러분 사이에서 비판적이고 이론적인 관찰과 성찰이 일어나길 기대합니다. 왜냐하면 내가 보기에 ─ 이는 내 생각이 아니라 우리 두 학문의 공동 창시자 중 한 명인 바이츠(Waitz)의 생각입니다 ─ 내성(內省) 이외의 방식으로 관찰할 수 있는 의식의 주요 목록 중 하나는 집합의식이라는 사실들에 관한 것이기 때문입니다. 이러한 사실들을 특징짓는 것은 반복성, 평균적이고 정상적인 성격, 더 정확히 말하자면 우리가 항상 말해왔고 저명한 화학자 위르뱅(Georges Urbain)도 지적했던 통계적 성격, 한마디로 숫자입니다. 이로 인해 그 사실들은 인간 행동에 관한 전형적 자료로 다루어지며, 유달리 신뢰할 수 있는 것으로 여겨지게 됩니다. 다른 한편 집합의식이라는 사실들은 많은 개인에게 공통되고 종종 완벽하게 짜인 상징들로 표현되며, 부단한 실천으로 검증되고 의식적으로 전달되고 구두로 가르쳐집니다. 그러므로 집합의식에 따른 행동은 적어도 부분적으로는 명확한 의식 상태에 조응하는 행동임을 확신할 수 있습니다.

우리는 여러분이 병증이 있어야만 겨우 관찰할 수 있는 정신착란(confusions mentales), 꿈해석(interprétations), 대조(contrastes)와 억압(inhibitions), 망상(délires)과 환각(hallucinations)에 관한 수백만 가지의 예를 제공할 수 있습니다. 그런데 더 중요한 사실은 그 예가 정상적이라는 것입니다. 가령 여러분과 논의할 "타나토마니아", 즉 사회적 본능에 의해 자기보존 본능을 폭력적으로 부정하는 현상은 오스트레일리아 원주민과 마오리족 사이에서는 비정상적이기는커녕 지극히 정상적입니다. 마찬가지로 모든 마오리족과 대다수의 말레이 원주민, 수많은 폴리네시아 원주민은 우리가 그토록 자주 거론한 "아모크", 즉 복수를 일으키는 환각적 격정이 무엇인지 익히 알고 있습니다. 따라서 우리는 심리학적 사실을 다룬 매우 풍부한 기록을 가지고 있는 셈입니다. 이제 여러분에게 그것을 알려드리겠습니다.

언어에 관한 연구도 곧바로 떠오르긴 하지만 이 자리에서는 언급하지 않을 생각입니다. 언어학자들은 자신이 연구한 현상이 모든 사회현상과 마찬가지로 사회적일 뿐 아니라, 생리학적이고 심리학적이라는 사실을 최초로 깨달았다는 행운을 사회학자들 사이에서 누리고 있습니다. 그들은 언어가 집단은 물론이거니와 집단의 역사도 전제한다는 점을 잊은 적이 없지요. 사회학이 어디서나 언어학자들을 모범으로 삼되 역사철학과 사회철학이라는 두 가지 오류에 빠지지 않았더라면 지금보다 확실히 더 발전했을 겁니다.

이제 여러분에게 참으로 유익하게 관찰할 수 있는 두 가지 사실만을 알려드리겠습니다. 그것은 바로 상징에 관한 연구와 리듬에 관한 연구입니다.

1) 심리학적 사실로서 신화적 · 도덕적 상징

언뜻 보기에 사회학자는 심리학적 · 정신생리학적 상징화(symbolisation)에 관한 새로운 사실을 거의 가져다주지 못한다고 생각할 수 있습니다. 한 개인에게 집단적 삶의 정신적 메커니즘 자체는 그의 의식적 삶의 메커니즘과 다르지 않기 때문입니다. 그러나 여러분은 이러한 상징체계(symbolisme)의 사례를 극히 드물게, 게다가 비정상적 사실 속에서만 포착하는 데 비해 우리는 항상 매우 많은 사례를, 그것도 무수히 많은 정상적 사실의 계열에서 파악합니다. 나는 조금 전 의성어 선택이라는 사실 하나를 인용했습니다. 이것만으로도 충분히 시사하는 바가 크지만, 여기에 모방적이고 쉽게 전염되는 의례적 몸짓을 자의적으로 선택하는 문제도

덧붙여 함께 고찰할 수 있습니다. 하지만 상징을 논할 때 우리에게 너무 익숙한 언어학과 주술, 의례의 영역을 넘어서는 편이 좋겠습니다. 그것 말고도 사회학의 전 영역에서 우리는 상징을 다량으로 거둬들여 다발로 묶은 후 여러분의 발밑에 놓아드릴 수 있습니다.

분트는 이미 그의 『민족심리학(Völkerpsychologie)』에서 종교적·심미적 삶의 의미심장한 측면을 자세히 다루었습니다. 예전에 나는 『철학논집(Revue Philosophique)』에 실린 논문을 통해 분트의 과잉 해석을 비판했는데, 반대로 몇 가지 지점에서는 그의 해석을 따라갈 수 있다고 지적했습니다[23]. 실제로 상징적 표현은 다른 많은 관점에서도 발전시킬 수 있는 개념입니다.

가령 예법상, 도덕상 지켜야 할 외침과 말, 몸짓과 의례는 기호이자 상징입니다. 근본적으로 기호와 상징은 번역입니다. 무엇보다도 집단의 존재를 번역하며, 또한 집단 구성원들의 본능적 작용과 반작용, 구성원 각자와 전체의 직접적 욕구, 그들의 인격 및 상호 관계의 직접적 욕구도 번역합니다. 예를 들어봅시다. 특히 폴리네시아(마오리족과 하와이 등)와 북아프리카에서 자주 접하는 금기 사항 중 하나는 자신의 그림자를 타인에게 드리우는 것입니다. 심지어 그

---

23 (옮긴이) 모스가 1908년 『철학논집(Revue philosophique)』에 발표한 "L'art et le mythe d'après M. Wundt"를 가리킨다.

림자가 타인을 지나치는 것도 금지합니다. 이 소극적 의례는 무엇을 표현할까요? 그것은 자신의 영역을 지키려는 강한 인격의 본능을 표현하면서 동시에 그 인격에 대한 타인의 존중도 표현합니다. 즉, 이 소극적 의례는 요컨대 한 사람의 본능과 다른 사람의 본능이 맺는 관계를 나타내는 상징일 뿐입니다. 이것만으로도 우리의 상석권(上席權) 관습을 쉽게 이해할 수 있습니다. 그런데 이러한 상징은 거의 모든 도덕으로 확장될 수 있습니다. 전쟁을 치르지 않기 위해 서로 엄숙히 교환하고 받고 의무적으로 답례하는 말과 인사, 선물, 그것들이 상징이 아니면 무엇이겠습니까? 또한 서약을 성립시키는 믿음, 특정한 사물들의 혼합과 그것들을 분리하는 금기를 불러일으키는 믿음이 상징이 아니면 무엇이겠습니까?

이제 사회생활 자체의 엄청난 풍요, 즉 우리가 주위 사람들과 맺는 상징적 관계의 세계를 검토해봅시다. 이 상징적 관계는 신화적 이미지와 직접 비교되지 않습니까? 또한 신화적 이미지처럼 상징적 관계 역시 무한한 반향을 일으키지 않습니까?

이런 생각을 하게 된 것은 특히 신화에서 내가 "정신적 반향"이라고 부르는 사례, 즉 이미지가 무한히 증식하는 사례를 우리가 자유롭게 활용할 수 있기 때문입니다. 그래서 비슈누(Vishnou)[힌두교의 3대 신 중 하나로 우주의 질서와 인류를 보호하는 신]의 팔은 저마다 서로 다른 속성을 띠고 있으며, 아즈텍 제사장의 깃털 머리

장식 하나하나는 신령(神靈)의 조각들에 해당합니다. 사회적 삶과 개인의 의식적 삶 모두의 거점 중 하나가 바로 신화적 상징에 있기 때문입니다. 상징은 소환된 영(靈)으로서 독자적 삶을 누리며 한없이 활동하고 재생합니다.

2) 리듬

이제 리듬으로 넘어갑시다. 나는 리듬이 중요한 현상이라고 이미 언급했습니다. 분트가 『언어(Sprache)』 서두에서 리듬 연구를 단지 심리학이 아니라 집단 심리학에 연결했을 때, 그는 이미 리듬의 중요성과 그 생리학적, 심리학적, 사회학적 특성을 알아차리고 있었습니다. 이런 점에서 그는 그로세[24]와 뷔허[25], 리보를 따라갔던 셈이지요. 하지만 무엇보다도 나는 리듬 연구가 바로 그 전염성을 다룬다는 점에서, 단지 한 개인에게 발생하는 일에만 주목

---

24   (옮긴이) 에른스트 그로세(Ernst Grosse, 1862~1927)는 독일의 예술학자이자 민족학자로서 미개민족의 미술을 비롯해 일본과 중국의 미술을 종래의 예술철학이 아닌 민족학적 방법에 입각해 연구했다. 주요 저서로는 『예술의 기원』 등이 있다.

25   (옮긴이) 칼 부허(Karl Bûcher, 1547~1930)는 독일의 역사학과 경제학자로서 경제의 역사적 발전과정을 봉쇄적 가족경제, 도시경제, 국민경제의 3단계로 구분해 설명했다. 특히 저서 『노동과 리듬』에서 200여 곡의 노동가(勞動歌)를 분석해 리듬이 노동에 미치는 영향력을 실증적으로 연구하였다.

하는 어떤 연구보다 더 진전된 분석을 낳을 것으로 생각합니다. 리듬의 사회적 성격은 잠시 논외로 하겠습니다. 그런데 가령 무용을 피상적으로나마 사회학적 관점에서 연구해보면, 무용이 한편으로는 모든 공연자의 동일한 호흡 운동, 심장 운동, 근육 운동에 대응하며, 때로는 관객까지도 그 운동을 공유한다는 점은 분명하지 않습니까? 그와 동시에 춤이 일련의 이미지를 전제하고 그것을 뒤따른다는 사실도 분명하지요. 이 일련의 이미지는 그 자체로 무용의 상징이 공연자와 관객 모두에게 불러일으키는 것입니다. 여기에서도 우리는 단지 사회학적이거나 생리학적인 것이 아니라 양자의 직접적 결합을 다루고 있습니다.

또 우리가 리듬에서 ― 노래도 마찬가지입니다 ― 그 효과 중 하나인 강박적 성격, 즉 리듬이 그것에 감동한 사람의 머리에 맴돌면서 줄곧 따라다니는 방식을 고려해도 같은 결과를 얻지 않을까요? 이 자리에서 나는 여러분에게 강력한 강박적 의식(儀式)에 관한 많은 증거를 제시할 수 있습니다. 가령, 상당히 많은 집단이 밤낮 가리지 않고 춤을 추면서 끊임없이 소리를 질러대고 몇 소절에 불과한 극히 단순한 노래를 불러대는 일이 있는데, 이들은 이런 식으로 활력, 피로, 흥분, 도취를 동시에 추구하거나 혹은 원인과 결과처럼 차례대로 추구합니다. 이런 사실은 오스트레일리아와 남아메리카에서 아주 많이 발견됩니다.

내가 예전에 제창(齊唱)에 관해 언급했음을 기억해주시기 바랍니다.[26] 제창할 때도 사회적인 것, 심리적인 것, 생리적인 것이 리듬의 관점에서뿐만 아니라 음조의 관점에서도 일치합니다.

이상이 내가 여러분께 상세히 지적할 수 있는 두 가지 명백한 사실입니다. 그런데 결국 심리적 성격을 지닌 사회적 사실치고 여러분에게 도움이 못 되는 것은 하나도 없습니다.

이런 상황에서는 어디서나 일반적인 심리학적 사실은 그 사회적 성격으로 인해 매우 뚜렷하게 나타납니다. 그것은 관련된 모든 사람에게 공통되며, 또한 공통되기 때문에 개별적 변이가 제거되기도 합니다. 여러분 심리학자들은 사회적 사실 속에서 이른바 순수한 음만 남길 목적으로 조화음(調和音)을 제거하는 일종의 자연적 실험을 한 셈이지요.

여기에 몇 가지 예가 더 있는데 이번에는 간략하게만 살펴보겠습니다.

모나코프 씨에게 헌정한 최근 논문에서 무르그 씨는 자신의 환자를 통해 관찰한 사실을 우리의 연구 대상과 결부시킵니다. 그는 레비브륄이 이른바 원시적 심성의 특징이라고 생각한 "관여

26 (옮긴이) 모스가 「감정 표현의 의무」에서 다루었던 오스트레일리아 장례식의 구두 의례인, 함께 비명을 지르거나 울부짖는 의식을 가리킨다.

(participation)[27]"와 그 자신이 야심 차게 이름 붙인 "전부 아니면 전무의 법칙" 사이에서 어떤 친족 관계를 찾아냅니다. 나는 이전부터 이 심리학적 표현[전부 아니면 전무의 법칙]을 꽤 좋아했습니다. 이 표현에서 긍정적 형태와 부정적 형태를 수반하는 "총체성"이라는 본질적 사실이 떠올랐기 때문이지요. 레비브륄의 "관여"와 우리가 "대립(opposition)"이라고 부르는 대조와 혼합 금지 — 이는 관여와 혼합만큼이나 중요합니다 — 는 모두 "총체성"을 표현합니다. 둘 다 모두 개인의 본능, 의지, 심상, 관념의 긍정적이고 부정적인 응집, 집단의 존재에 의해 형성되고 강화된 응집을 표현합니다. 둘 다 모두 집단의 노력으로 이루어지는 동화와 배척[28], 일치와 대립, 사랑과 증오를 표현합니다. 또한 기본적으로 집단, 즉 전체 혹은 개인들로 이루어진 복합체도 표현하지요. 그러나 개개인도 그 자체로 "전체"이고, 전체로서 생각하고 행동합니다. 이 둘[관여와 대립]이 어떻게 작용하고 반작용하는지, 그리고 이 둘이 어떻게 관념화(idéation)되는지 구체적인 사회현상 속에서 연구하

---

27 (옮긴이) 관여(혹은 참여)는 뤼시앵 레비브륄이 논한 원시인의 정신세계에서 나타나는 중요한 특성으로 원시인이 자연과의 신비로운 교감이나 합체의 느낌을 통해 자연적 존재와 인간 존재들에 신비적으로 관여하는 현상을 가리킨다.

28 (옮긴이) 원문에는 réputation으로 표기되어 있으나 이는 répulsion의 오기로 보인다.

는 것은 매우 쉬운 일입니다.

종교 생활뿐 아니라 도덕에서 빌려온 또 다른 사례도 있습니다. 내가 이미 언급했고 나중에 깊이 논할 타나토마니아가 바로 그것입니다. 실제로 이 사례를 통해 우리는 인간의 자기보존 본능에 관해 무엇을 생각해야 하는지 자세히 알 수 있습니다. 즉 이 본능이 어느 정도 사회에 의존하고 있는지, 그리고 개인 외적인 이유로 개인 자신에 의해 거부될 수 있는지 말입니다. 결국 내가 여러분에게 제시하려는 것은 실제로 인간의 "기질(moral)"에 관한 연구입니다(영국에서는 이를 모랄(morale)이라고 말합니다). 거기에서 여러분은 사회적인 것, 심리적인 것, 생리적인 것이 어떻게 혼합되는지를 볼 수 있습니다. 반대로, 사회적 본능의 결여, 부도덕(l'immoralité), 무도덕(l'amoralité)은 여러분에게도 법원의 판사들에게도 오래전부터 모종의 광기를 암시하는 확실한 징후였습니다.

예를 들자면 끝이 없을 겁니다. 가령 노동의 본능이나 인과관계의 감각 같은 문제를 인간이 정신과 팔다리를 모두 자기 일에 쏟아붓는 기술적 의미에서의 작업장 말고 어디에서 더 잘 연구할 수 있겠습니까?

또 다른 심리학적, 생리학적 — **이번에는 특별히 인류학적 문제입니다** — 이면서 결과적으로 특별히 사회적 문제에 관해서 고인이 된 에르츠가 이미 명쾌하게 밝힌 것이 있습니다. 이 문제는 오른쪽과 왼쪽의 구별에 관한 것인데, 이 구별은 종교적이면서 동시에 기술적입니다. 인간의 신체적 · 유전적 본성을 고려해봤을 때 이 구별은 아마도 사회에서 기인했을 겁니다. 하지만 어쨌든 그것은 몸과 정신, 사회라는 세 가지 요소에 관한 종합 연구를 전제합니다. 예를 들어, 좌우로 분할된 공간 개념에는 이 세 가지 요소가 한층 더 확실히 전제되어 있습니다.

이제 마지막으로 다른 현상과 마찬가지로 삼중(三重) 현상인 기대에 관해 말씀드리겠습니다. 그런데 그전에 이 모든 사실과 관련해서 내가 여러분께 약속했던 것부터 말씀드려야겠군요.

내가 여러분에게 제시한 모든 사실과 심리학의 새로운 발견에서 흥미롭다고 생각한 모든 사실은 순수 의식의 범주에 속할 뿐 아니라, 그 사실을 신체와 관련짓는 범주에도 속합니다. 순수 문학과 순수 과학을 제외하면, 사실 우리의 학문 사회학에서 여러 능력으로 분화된 인간은 전혀 찾아볼 수 없거나 거의 찾아볼 수 없습니다. 우리는 항상 인간의 몸과 정신을 동시에 게다가 일거에 주어진 전체로서 다룹니다. 기본적으로 몸, 영혼, 사회가 모두 여기에 혼합되어 있습니다. 우리가 관심을 두는 것은 이제 심성의 이런저런 부분에 관한 특수한 사실이 아니라 매우 복잡한 사실, 상상할 수 있는 가장 복잡한 사실입니다. 나는 그것을 **총체적** 현상이라고 부르려고 합니다. 집단만 총체적 현상에 속하지는 않습니다. 집단을 통해 도덕적, 사회적, 정신적, 특히 신체적 혹은 물질적으로 온전한 상태에 있는 모든 인격, 모든 개인도 총체적 현상에 속합니다. 그런데 이런 복잡한 현상을 연구하려면 정확히 여러분 쪽에서도 어느 정도의 발전이 필요합니다. 따라서 이를 위해 나는 사회학자로서 여러분께 몇 가지 질문을 던지고 그것을 명확하게 밝혀달라고 요청하는 바입니다.

4. 심리학에 대한 문제 제기

오늘날 우리는 각자 자신의 학문에 빠져 만족해하는데, 사실 두 학문의 궁극적 목표는 서로 같습니다. 집단심리학, 표상과 실천의 사회학, 통계학은 여러분의 최종 연구 목표와 마찬가지로 인간의 특정 능력을 고찰하는 것이 아니라 완전하고 구체적인 인간을 고찰한다는 점에서 모두 같은 영역에 존재합니다.

이 **완전한 인간에 관한 연구**는 우리가 여러분에게 요청하는 연구들 가운데 가장 시급한 것입니다. 비난하려는 것은 아니지만, 정신병리학을 제외하면 여러분 심리학자의 작업은 감각 이론과 정서 이론처럼 극히 중요하긴 해도 너무 특수해서 사실상 낮은 수준에 머무르는 분야에서나 상당한 성과를 거두었을 뿐입니다. 물론! 학문이 우선 가능한 만큼만 발전할 뿐이고 그 결과 우연히 발전한다는 점을 인정하는 데 있어서 나는 누구에게도 뒤지지 않습니다! 하지만 우리 사회학자가 심리학의 통상적 분야뿐 아니라 정신병리학자들이 개척한 분야, 즉 분할되지 않은 완전한 인간 연구라는 분야에서 여러분이 지금 이상으로 연구를 심화해 주기를 간청할 수 있지 않을까요? 사회학자의 이익만이 아니라 우리 모두의 공통된 이익을 위해서 말입니다. 우리가 도덕적, 경제적, 인구학적 통계에서 만나는 존재는 바로 이런 인간입니다. 즉 나눌 수 없는 인간, 무게를 잴 수 있어도 잘라낼 수는 없는 인간 말입니다. 역사학이 개인의 전기(傳記)에서 만나는 존재가 그러하듯, 대중과 민중의 역사에서 그리고 대중과 민중의 관습에서 우리가 발견하는 존재도 바로 이런 인간입니다. 우리가 가장 자주 거론하는 대상은 완전한 평균적 삶을 평균적으로 부여받은 평균인의 행동과 표상입니다. 물론 이례적으로 특수한 개성을 만날 수도 있습니다만, 주인공은 여전히 다른 모든 이들과 똑같은 사람입니다.

1) 총체적 인간

앞서 언급했듯이, 특수한 사실을 연구하든 일반적 사실을 연구하든 우리가 다루는 것은 항상 완전한 사람입니다. 예를 들어 리듬과 상징은 인간의 미적 능력이나 상상력뿐 아니라 그의 전신과 정신 모두를 동시에 작동시킵니다. 사회 자체에서 특수한 사실을 연구할 때 우리가 다루고 있는 것은 총체적인 심리-생리학적 복합체(complexus psycho-physiologique)입니다. "의무를 진" 개인의 상태, 즉 도덕적으로 구속되어 있으며 명예가 걸린 일과 같은 여러 의무에 환각적으로 사로잡힌 상태를 설명하려면, 이러한 의무감의 심리적 효과뿐만 아니라 생리적 효과도 알아야 합니다. 예를 들어, 사람이 기도할 때 어떻게 말을 하는지, 어떻게 자기 목소리를 듣고 믿으며 온 힘을 다해 감정을 드러내는지를 이해하지 않으면, 우리는 그가 왜 기도를 효과적이라고 믿는지 이해할 수 없습니다.

그렇다면 이제 여러분이 심성의 다양한 구획들 사이의 관계 그리고 이러한 구획들과 유기체 사이의 관계에 관한 이론을 제시해 줄 차례입니다.

사회학자에게 극히 중요한 이 평균인이라는 문제 — 이는 또한 보통 사람이라는 문제입니다 — 는 여러분의 손을 통해서만 풀릴 수 있습니다. 다시 말해 정신의 여러 구획의 정상적이고 평균적인 혼합이 무엇인지를 여러분이 기꺼이 연구하려고 할 때만 풀릴 수 있지요. 여러분은 특히 현대사회에서조차 평균인의 본능이 대단히 중요하다는 점에 주목하고 있습니다. 하지만 이에 관해서는 더 진전된 논의가 필요합니다. 단순한 "반응"에 불과한 일상생활의 수많은 순간을 보십시오. 아이가 울면 잠에서 깨어나는 엄마, 도구를 다루는 만큼 도구에 반응하는 노동자, 자신이 몰고 있다고 생각하는 동물을 정작 뒤따라가는 사람들, 이런 본능적 행위의 무한한 연쇄가 물질적 삶뿐 아니라 사회생활과 가족생활 자체를 구성합니다. 이런 본능의 양을 측정하면 우리는 이 이론을 더욱 발전시킬 수 있을 겁니다. 그때 우리는 비로소 사회현상으로서 대중 운동과 집단 운동이 무엇인지를 이해할 수 있겠지요. 만약 우리가 믿고 있듯이 소수의 관념-기호로는 거의 조명되지 않는 본능과 반사 행동을 통해 사람들이 교감하고 소통하는 게 맞다면 말입니다.

우리에게 이 연구는 두 가지 관점에서 상당히 유용합니다. 하나는 가장 덜 진화된 형태의 사회생활에 관한 연구의 관점이고 다른 하나는 통계적 사실에 관한 연구의 관점입니다. 우선, 우리가 사회생활이 덜 발달한 형태로 거슬러 올라갈수록 — 진짜 원시적 형태는 존재하지 않습니다 — 우리는 점점 더 본능적 인간을 만나게 됩니다. 본능적 인간보다는 총체적 인간이라고 말하는 게 더 낫겠군요. 마찬가지로 우리 인구의 가장 넓은 층에서 그리고 무엇보다도 가장 낙후된 층에서 만나는 존재도 이 '총체적' 인간입니다. 그러므로 우리가 다루는 통계 자료, 특히 도덕 통계[사회병리적 현상과 관련된 통계]에서 대다수를 형성하는 것은 바로 그들이며, 진짜 문명화된 계층은 가장 부유한 국가에서조차 여전히 소수에 불과합니다.

사실 자기의식의 다양한 영역을 조절할 수 있는 사람은 우리 문명과 기타 소수 문명, 앞서 언급한 동양 혹은 낙후한 문명의 상층을 이루는 문명화된 인간뿐입니다. 이런 인간은 다른 인간들과는 별개의 존재입니다. 사회적 분업으로 그는 전문화되고 종종 세습적으로 분화되기도 합니다. 물론 사회적 분업도 세습되는 경우가 빈번합니다. 그런데 무엇보다도 그는 자신의 의식 속에서 더욱 분화됩니다. 어떻게 보면 그는 하나의 의식인 셈이지요. 그는 본능에 저항하는 방법을 알고 있으며, 교육과 개념 그리고 신중한 선택 덕분에 자기 행동 하나하나를 모두 통제할 수 있습니다. 엘리트는 단지 이중적 인간(homo duplex)이 아닙니다. 그는 자기 안에서 둘로 나뉘는 존재 그 이상입니다. 이렇게 표현해도 될지 모르겠습니다만, 그는 "분할"된 존재입니다. 그의 지성, 그를 뒤따르는 의지, 감정 표현을 늦추는 방식, 감정을 제어하는 방식, 때로 과도하기까지 한 자기비판, 이 모든 것은 그가 순간의 폭력적인 충동에 모든 의식을 내던지지 못하게 방지합니다. 키케로가 『변론문(Pro Cluentio)』(Ⅰ, 5)에서 증오와 재판의 분리를 전제로 한 법에 관해 말했던 것은 사회생활뿐 아니라 개인 생활에까지 참으로 막대한 영향력을 미치고 있습니다.

그러나 이런 사람들은 우리 사회학자가 일반적으로 연구해야 할 대상이 아닙니다. 평범한 사람도 이미 둘로 나뉜 존재로서 자신의 영혼을 지각할 줄 압니다. 그러나 그는 자기 자신의 주인이 아닙니다. 오늘날 보통 사람 — 이는 특히 여성에 대해서도 타당합니다 — 그리고 태고 사회나 낙후된 사회의 거의 모든 사람은 하나의 "총체"입니다. 이들은 최소한의 지각이나 최소한의 정신적 충격만으로도 자기 존재 전체에 영향을 받습니다. 결과적으로 우리 현대사회의 엘리트와 관련 없는 모든 것을 다룰 때는 이 "총체성"의 연구가 핵심입니다. 사회학에서 흔히 볼 수 있는 오류 중 하나는 요컨대 우리와 같은 종류의 정신상태 — 나는 그것을 학문적 정신세계라고 부르겠습니다 — 를 기반으로 또 다른 정신세계를 상상하고 그 모두가 획일적으로 일치하는 양 믿는 데 있습니다. 그러므로 우리가 이런 잘못된 방법을 사용하지 않도록 도와주시기를 바랍니다.

2) 기대

이와 관련해 나는 여러분이 규명해주어야 할 현상들 가운데 하나를 지적하겠습니다. 우리에게 그것은 가장 긴급히 연구해야 할 대상으로 인간의 총체성, 즉 신체, 본능, 감정, 의지, 지각, 지성 모두에 관한 고찰을 전제합니다. 그것은 바로 기대입니다. 물론 우리와 같은 사회학자들 혹은 집단심리학의 열렬한 지지자들은 기대(l'attente)와 주의(l'attention)를 혼동하지 않습니다.

모랑(Morand) 여사가 『심리학연보(Année Psychologique)』 최근 호에 기대 일반(l'Attente)에 관한 뛰어난 논문을 발표했는데, 사실 나는 이 논문에 큰 기대를 걸고 있었습니다. 그녀의 실험실 연구에서 기대 이상의 무언가를 기대했던 건 아닙니다. 실험실 연구는 기대의 효과보다 오히려 조건과 증후군, 증상에 관한 정신생리학적 질문을 다루었기 때문이지요. 그러나 나는 약간 실망했습니다. 나는 여러분이 실험실과 임상에서 기대의 효과에 관한 연구를 한층 더 진전시키리라고 믿습니다. 코펜하겐 출신으로 이제는 고인이 된 심리학자 레만(Alfred Lehmann)이 쓴 『미신과 주술(Aberglaube und Zauberei)』이라는 훌륭한 책이 생각납니다. 이 책은 내가 아는 한 주술과 기대의 심리학에 관한 최고의 연구서 중 하나입니다. 이 책에서 레만은 주술과 마술의 속임수, 그 속임수의 바탕이 되는 흔해 빠진 사기가 관객의 온갖 기대, 그것이 일으키는 착각과 주의 산만을 전제한다는 점을 밝혔습니다. 이로부터 그는 적어도 일부 주술 행위의 효력을 믿는 원인을 추론했습니다.

레만의 연구는 여러 추종자를 낳을 것이고 우리도 예외는 아닙니다. 왜냐하면 우리는 주술과 종교뿐 아니라 사회 곳곳에서 불확실하든 확실하든 어떤 기대로부터 모든 기적과 모든 권리가 ─ 칸트가 말했듯이 ─미리 정당화되거나 연역[29]되는 것을 보았기 때문입니다.

기대는 심리학적인 것과 생리학적인 것 모두에 가장 근접한 사회학적 현상 중 하나이며, 동시에 가장 흔한 현상 중 하나입니다.

법의 한 부분은 전부 기대라고 할 수 있습니다. 엠마누엘 레비(Emmanuel Lévy)[프랑스의 법률학자이자 사회주의자]는 민사책임에 관한 법이 기대임을 분명히 증명했습니다. 따라서 법률을 위반하는 범죄는 기대에 대한 위반과 다르지 않습니다. 사람들은 법률이든 사물이든 모두 변하지 않을 것이라고 항상 기대하기 때문이지요. 질서라는 개념도 사람들이 기대하는 것의 상징일 뿐입니다. 예술의 한 측면도 모두 기대를 불러일으켰다가 내려놓는 체계, 어긋난 기대와 충족된 기대가 번갈아 나타나는 놀이 체계일 뿐입니다. 베르그손 씨는 희극과 관련해 기대라는 개념[30]을 발전시켰는데, 사실 이 개념은 아리스토텔레스까지 거슬러 올라갑니다. 아리

---

29 (옮긴이) 원문에는 파괴된다(détruit)고 적혀 있으나 이는 전체적인 의미와 문법적 사항을 고려했을 때 déduit의 오기로 보인다. 따라서 여기서는 연역으로 옮겼다.

30 (옮긴이) Henri Bergson, *Le Rire. Essai sur la signification du comique*, Paris: Félix Alcan, 1900. (국역 : 앙리 베르그손, 『웃음. 희극적인 것의 의미에 대하여』, 파이돈, 2021)

스토텔레스는 기대의 카타르시스 바탕에 있는 정화(淨化)에 관해 매우 간결하고 정확한 이론을 제안했으며, 이를 통해 많은 의식과 (한때는 의례적이었던) 희비극의 쓰임새가 정당화되었습니다. 이렇 듯 예술, 소설, 음악, 놀이가 엄청난 영향을 미치고 허구적 정념이 숨김없이 발휘됨에 따라 우리 현실의 야만스러운 정념, 그 거칠고 케케묵은 정념을 침울하게 연출했던 드라마는 뒤로 물러나게 됐 습니다. 경제적 사실조차도 한편으로는 기대와 관련된 현상입니 다. 복권, 투기, 신용, 할인, 돈(무엇이 유통되든 상관없습니다)은 모두 기대에 해당합니다. 일반 사회학의 관점에서 대중적 긴장 상태도 거론할 수 있습니다. 소위 외교적 긴장으로 지칭되는, 대열을 맞 추거나 초소에서 경계 임무를 수행하는 군인의 "차려 자세"가 바 로 그것입니다. 기술 분야의 경우 대다수의 기술노동에 수반되는 불안을 생각해보십시오.

특히 기대와 정신적 환상, 개인이나 집단의 기대가 부정되는 현상과 이때 그들의 반응을 연구하면 풍부한 결실을 보게 될 것입 니다. 나는 로베르 에르츠의 「죄와 속죄(Le Péché et l'Expiation)」 를 다시 정리해 곧 간행할 예정인데, 우리의 논의에 관해 에르츠 가 작성했던 중요한 메모가 이 책 일부에 포함될 것입니다.[31]

31　(옮긴이) 「죄와 속죄」는 로베르 에르츠의 미완성 박사학위 논문을 가리킨다. 1921

심리학적으로, 그리고 특히 생리학적으로 잘 기술하면, 이러한 "막연한 불안" — 이것은 흔히 광기로 여겨집니다 — 과 그것을 대체하는 선명한 이미지, 기대가 우리 안에서 불러일으키는 격렬한 충동과 절대적 억제를 더 잘 설명할 수 있을 것입니다. 이런 사실들은 우리가 누리는 행복하고 세속적이고 시민적인 삶에서는 좀처럼 찾아볼 수 없습니다. 그러나 우리는 전쟁을 치르면서 이런 종류의 경험을 혹독하게 느꼈고 생생하게 체험했습니다. 이런 경험은 우리 주변 사람들의 삶이나 우리 이전 세대 사람들의 삶에서는 훨씬 더 빈번했음이 틀림없고 지금도 여전히 마찬가지입니다.

결국 기대란 정서, 지각, 더 정확하게는 신체의 움직임과 상태가 직접적으로 사회 상태에 영향을 미치고 동시에 사회 상태에 의해 영향을 받는 사실 중 하나입니다. 내가 방금 인용한 모든 사실과 마찬가지로 몸, 정신, 사회 환경에 대한 삼중의 고찰이 함께 이루어져야 합니다.

여러분 중 누군가가 우리를 위해 이런 종류의 사실을 기꺼이 밝혀준다면, 나는 오늘 밤 여러분의 … 기대를 저버리지 않았으

년 모스는 에르츠의 원고와 메모를 정리해 「미개사회에서의 죄와 속죄」라는 제목으로 『종교사 논집』에 발표했고 1932~1936년에 걸쳐 꼴레쥬 드 프랑스(Collège de France)에서 해당 제목의 연속 강좌를 개설했다.

며, 여러분도 내 기대를 충족시켰다고 말할 수 있겠지요.

그렇다고 해도, 여러분의 환심을 사기 위해 몇 가지 일반적인 사실만 지적하게 된 점을 이해해 주시기 바랍니다. 다만 이런 생각을 늘어놓는 것도 그리 무익하지는 않다고 생각합니다. 내게는 여러분 사이에서 잠시나마 내 나름대로 작은 흔적을 남기고 싶다는 단 하나의 바람만 있을 뿐입니다.

심리학과 사회학의 관계에 관한 토론의 결론[32]

정신의 범주들에 관해 매우 중요한 문제가 제기되었습니다. 여러분은 마땅히 이 문제를 제기할 권리가 있습니다. 우리의 노력이 합해지는 지점에서 이 범주들을 연구할 수 있기 때문입니다. 우리는 여러분과 마찬가지로 이 범주들이 논리적으로 분석되는 게 아니라 구체적으로 분석되기를 바랍니다. 하지만 내가 이 분야에 굳이 발을 딛지 않은 이유를 말씀드리고 싶습니다. 우선 수많은 사전 작업이 필요하기 때문입니다. 몇 가지 사실 말고 무언가를 더 언급하기에는 시기상조임이 분명하지요. 다른 한편으로, 장기간에 걸쳐 반드시 이루어져야 할 연구들 가운데 가장 긴급한 것은 우리 학문 영역 밖에 있는 역사적 연구이며, 이는 내가 여러분

---

[32] (옮긴이) 이 글은 심리학과 사회학의 관계에 관한 모스의 강연 이후 진행되었던 토론의 마무리에 해당한다. 원문은 Marcel Mauss, *Sociologie et anthropologie*, PUF, 1969, 309~310쪽에 수록되어 있다.

에게 이야기할 사항이 아니었습니다.

사실 아리스토텔레스의 범주만이 우리 정신 속에 존재하거나 혹은 일찍이 존재했던 유일한 범주가 아니며, 반드시 연구해야할 범주도 아닙니다. 무엇보다도 가능한 한 빠짐없이 완전한 범주 목록을 작성하는 것이 필수적입니다. 인간이 사용했다고 알려진 온갖 범주에서 시작해야 합니다. 그렇게 하면, 이성의 창공에 빛이 없는 달, 희미한 달, 어두운 달이 여럿 떠 있었고 지금도 여전히 떠 있음을 알 수 있을 것입니다. 큰 것과 작은 것, 생물과 무생물, 오른쪽과 왼쪽은 한때 모두 범주였습니다. 우리가 알고 있는 범주 중에서, 내가 기술적 의미에서 많은 주의를 기울였던 실체(substance)라는 범주를 예로 들어봅시다. 이 범주가 얼마나 많은 변천을 거쳤는지는 잘 알려지지 않았습니까? 가령, 특히 인도와 그리스에는 실체 범주의 여러 전형 중 하나로 음식이라는 개념이 있었습니다.

일반적 상징은 다른 상징과 마찬가지로 인류가 아주 천천히 획득했는데, 모든 범주는 바로 이 일반적 상징일 뿐입니다. 범주가 구성된 방식을 기술해야 합니다. 이것이야말로 역사적 관점에서 이해된 사회학의 주요 문제 중 하나입니다. 그 구성 방식 자체가 복잡하고 불확실했고 운에 맡겨졌기 때문이지요. 인류는 기술적 수단과 비기술적 수단, 신비적 수단과 비신비적 수단 등 가능한 모든 수단을 동원해 자기 정신을 형성했습니다. 자기 정신(감각, 감정, 이성)과 신체를 활용하면서, 그때그때의 선택과 사태 그리고 시대에 모든 것을 맡긴 채, 자기 민족의 업적과 몰락에 모든 것을 걸고 정신을 형성해 온 것이지요.

　우리의 일반 개념은 여전히 불안정하고 불완전합니다. 비록 서로 다른 방향에서 출발했지만, 우리의 학문인 심리학, 사회학, 역사학이 힘을 합쳐 언젠가는 이 힘겨운 역사를 설명할 것이라고 진심으로 믿습니다. 또한 이 일을 성취해 낼 학문, 오늘날 우리 이성의 상대성에 관한 감정으로부터 분명 가장 뛰어난 철학이 태어날 것이라고 믿습니다. 이렇게 결론을 마치도록 하겠습니다.

사회학과 심리학의 관계에 관한 토론[33]

모스 쟈네(Janet) 씨는 심리학을 행동 양식이라는 현상 그 자체에 관한 연구라고 정의합니다. 자아와 사람의 형이상학을 배제한 채 말입니다. 또한 사회적 감정, 예를 들어 존중의 감정은 확실히 개인에게 속하지만, 그가 속한 사회 집단에 따라 달라질 수 있음을 보여주었습니다. 따라서 사회학과 심리학은 공통된 출발점을 가지고 있습니다. 사회를 구성 요소들로 분해할 수 있듯이 인격도 분해할 수 있으니까요. 그렇다면 우리는 과학은 일반적인 것에 관해서만 존재할 뿐이라는 고대의 명제를 여전히 인정해야 할까요? 신체를 지닌 개인이 베르티옹(Alphonse Bertillon)[프랑스의 범죄학자]이 고안한 신체 감식법에 따라 매우 정밀하게 측정되고

---

33   (옮긴이) 이 글은 1933년 파리에서 열린 종합주간토론회 3주차 회의에서 피에르 쟈
     네(Pierre Janet)와 장 피아제(Jean Piaget)의 개별 발표 이후 진행된 토론에서 발
     췌한 것으로 원문은 Marcel Mauss, *Œuvres* 3, Paris: Les Editions de Minuit, 1969,
     298~302쪽에 수록되어 있다.

결정될 수 있듯이, 자네 씨가 지적한 것처럼 심리적 개체성도 그 구성 요소가 어떻게 배합되었는가에 따라 베르티옹식으로 감식될 수 있을지도 모릅니다. 마지막으로 집단심리학은 주어진 사회 집단의 개체성을 통계로 표현되는 특성들을 통해 정의할 수 있습니다. 나는 개인에 대한 정밀과학이 가능하다고 결론지었습니다만, 프랑스의 위대한 도덕주의자들을 연상시키는 자네 씨의 방법은 개인에 대한 참된 현상학을 제안하고 있습니다.

쟈네 뒤르켐은 이미 사회학자와 심리학자의 관점 사이의 대립을 강조했지요. 최근에는 블롱델(Blondel) 씨가 자신의 『집단심리학 요소들』에서 이 대립을 강조했습니다. 심리학이 사회학에 대해 인정해야 하는 것은 무엇보다도 인간 행위가 개인을 넘어선다는 점입니다. 공간과 시간에서 인간 행위는 개인을 능가합니다. 동물은 조상을 고려할 필요가 없지요. 단지 물리적 환경만 고려하면 됩니다. 물론 첫 장에서 물리적 환경에 대한 개인의 반응만을 다루는 심리학 저서도 있습니다. 그 밖에 무엇보다도 타르드(Tarde)가 설명하는 두 번째 수준의 심리학 연구가 있습니다. 이 연구는 개인이 사회적 환경에 어떻게 적응하는지, 그리고 그 환경에 포함된 제도에 어떻게 적응하는지 고찰합니다. 사람은 누구나 동시대의 다른 사람들 앞에서, 그리고 과거 사람들의 지속적인 업적 앞에서 자신을 발견하기 때문이지요. 어떤 의미에서 사회학은 심리학의 일부입니다. 두 학문은 사용하는 도구에 따라 구별됩니다. 심리학은 아동이나 미개인 혹은 정신 질환자 등을 관찰하는 데 쓰입니다. 사회학은 사회를 이루며 살아가는 인간을 비교 연구 및 통계적 방법으로 탐구합니다. 다른 한편, 사회학에는 두 번째 연구 분야가 있는데, 거기서는 일반적으로 사회적 환경을 다루거나 역사의 주어진 순간에 존재하는 이런저런 사회를 다룹니다.

모스 심리학에 대해 사회학을 독립적으로 만드는 명확한 기준이 필요할지도 모르겠군요. 사회적 현상은 본질적으로 대중 현상으로서 통계학으로 연구해야 합니다.

우리는 사회적 현상을 일시적·역사적 현상과 대립시킬 수 있습니다. 일시적·역사적 현상은 고유한 현상이고 집단을 지배하는 어느 정도 저명한 개인과 관련이 있습니다.

사회학은 여전히 특정 사실에 대한 역사적 기술을 비롯해 조금은 꾸민 이야기더라도 사회적 환경을 묘사한 작품을 인정해야 할 의무가 있습니다. 사회적 사실에 대한 과학적 분석이 더 발전될 때까지 문필가와 도덕주의자의 방식은 여전히 유효합니다.

베르[34] 개인적인 것에 관한 과학이 있다면, 그것은 과학으로서 항상 일반적인 성격을 지닙니다. 따라서 개인을 해석하더라도 일반적인 데이터를 적용해야 할 겁니다. 그렇게 되면 말다툼만 생길 수도 있겠지요. 어쨌든 과학은 존재하며, 존재하는 과학은 일반성을 본질로 삼습니다.

모스 그러나 사회학이 항상 일반적인 것을 대상으로 삼는 것은 아닙니다. 고대인들은 손가락 지문이 반박할 수 없는 기호이자 개인의 인장 혹은 서명임을 이미 알고 있었습니다. 말하자면 지문이란 곧 개인적 일반성입니다. 이제 우리는 인간 개인에 관한 지식에 있어서 놀랄 만큼 상세한 자료를 다루고 있습니다. 예를 들어, 혈장 분석을 통해 개인의 이력을 추적할 수 있지요. 우리는 이런 분야의 연구에 집중해야 합니다.

---

34 (옮긴이) 앙리 베르(Henri Berr, 1863~1954)는 프랑스의 역사가이자 철학자로서 20세기 초 프랑스의 중요한 지적 논쟁의 장을 담당하게 될 역사학 잡지 『역사적 종합 (Revue de synthèse historique)』을 창간했다. 또한 1920년 『인류의 발전』 총서를 창간해 앙리 위베르, 마르셀 그라네, 조르주 다비 등 뒤르켐학파 일부 학자들의 연구 결과물을 싣기도 했다.

사회학과 심리학의 관계에 관한 토론

[…]³⁵ **피아제**³⁶ 개인과 사회 중 어느 것이 먼저인지 묻는 것
은 닭이 먼저인지 아니면 달걀이 먼저인지를 묻는 것과 같습니다.
거기에는 선행 관계가 아니라 상관관계가 있습니다. 사회와 개인
사이에는 공변(共變) 관계와 대응 관계가 있습니다. 따라서 심리
학자와 사회학자의 두 가지 방법으로 현상을 연구해야 하며, 둘을
비가역적으로 대립시켜서는 안 됩니다. 아동과 미개인 사이의 유
사성을 보여주었을 때, 나는 모든 지점에서 그들 사이의 대응 관
계를 확립할 수 있다고 절대 주장하지 않았습니다. 단지 부인할
수 없는 일반적인 유사점이 있을 뿐이라고 했지요. 자폐 개념이
아동에게는 개별적이고 원시 사회에서는 집단적이라는 반론은
논점 선취의 오류에 빠져 있습니다.

---

35 (옮긴이) 생략된 부분은 장 피아제의 발표문 「L'individualité en histoire:
    L'individu et la formation de la raison」에 관한 토론 일부이다. 피아제는 발표
    당일 미개인의 심성과 아동의 사고 사이에 유사성이 있음을 논증했으며, 자기중심
    적 사고와 상징적 사고, (레비브륄의) 관여라는 세 가지 측면에서 이러한 유사성이
    성립한다고 주장했다. 피아제의 논의에 관해서는 Jean Piaget, *Etudes Sociologiques*,
    Librairie Droz, 1977, 240~282쪽을 참조.

36 (옮긴이) 장 피아제(Jean Piaget, 1896~1980)는 스위스의 심리학자이자 교육학자
    로서 발생론적 인식론의 견지에서 아동심리학을 연구한 것으로 유명하다. 특히 아
    동의 정신적 본질이 자기중심성에 있다고 주장하고 이를 토대로 아동의 인지 발달
    이론(자기중심성에서 시작해 타인의 관점을 수용하는 단계, 더 나아가 논리적 사고
    의 단계로 이행하는 인지 발달 과정을 탐색하는 이론)을 발표했다.

몸 테크닉

모스 피아제 씨의 용어는 나와 일치하지 않는군요. 그래서 우리 각자의 생각을 비교하기 어렵습니다. 현재 나는 태고 사회의 집단심리학에서 쓰이는 관찰 방법에 대해 강의하고 있습니다. 집단심리학의 체계화는 아직 불가능하다고 생각하기 때문입니다. 우리는 세부적 사실을 거의 알지 못하기에 사실을 수집하는 것이 우선입니다. 그래서 이런 사실을 탐구하는 방법이 필수적이지요. 이 방법으로 나는 피아제 씨가 관찰한 것과는 다른 사실을 관찰했습니다. 피아제 씨와는 정반대의 사실을 관찰했을 수도 있겠군요. 내가 보기에 피아제 씨는 아동 일반의 심리학이 아니라 가장 문명화된 아이의 심리학을 수행했습니다. 문명화된 아이들과는 전혀 다른 환경에서 자란 아이들도 고려해야 합니다.

나는 모로코 현지의 가난한 아이들이 다섯 살이 되자마자 능란한 솜씨로 일했던 모습을 지켜본 적이 있습니다. 머리띠를 만들어 꿰매는 일이었지요. 이것은 매우 정확한 기하학적, 수리적 감각을 요구하는 섬세한 작업입니다. 모로코의 아이들은 기술자이며 우리 아이들보다 훨씬 일찍 일합니다. 어떤 면에서 그들은 우리 소시민 가정의 아이들보다 훨씬 일찍, 훨씬 빨리 그리고 아주 다른 방법으로, 즉 손으로 추론합니다. 유치원에서도 우리 아이들은 고유한 의미에서 "수작업"을 하지 않습니다. 그저 장난치며 놀기만 하지요. 따라서 다소 일반적인 결론을 내리기 전에, 예를 들어 북아프리카와 같은 곳에서 엄밀하고 광범위한 민족지학적 관찰을 할 필요가 있습니다.

피아제 씨와 나 사이에는 또 다른 방법상의 차이가 있습니다. 나를 포함해서 뒤르켐 학파는 일반적으로 이성의 요소들을 범주별로 분리해 연구합니다. 반면 피아제 씨는 경험 일반의 체계 전반을 파악할 수 있다고 생각합니다. 그래서 우리의 결과는 달라질 수밖에 없습니다. 나아가 나는 상징이라는 개념을 중요하게 여기지만, 피아제 씨는 집단심리학에서도 아동심리학에서도 상징을 중요하게 다루지 않습니다.

프랑스 심리학자, 특히 뒤마와 메이에르송은 기호와 상징이 구별된다고 주장합니다. 솔직히 말해서 나는 왜 둘을 구별해야 하는지 이해할 수 없습니다. 인류는 항상 같은 문제에 직면해 있습니다. 그것은 발명하고 무언가를 만들고 그 과정을 전달하는 문제입니다. 발명의 수단은 항상 경험이며, 그다음으로 의사소통의 수단인 기호 혹은 상징입니다(기호와 상징은 같은 것입니다). 이 과정에서 사회의 역할은 본보기가 될 도구와 그것을 사용하는 전통을 제공하는 것이지만, 동시에 개인이 가져온 발명을 인정하거나 인정하지 않는 것이기도 합니다. 오늘날에도 항공 기술국(les Services techniques de l'Air)은 거의 모든 발명가를 낙담시킵니다(공기역학자 콘스탄틴(Constantin)의 사례가 그러하지요). 발명은 종종 다른 곳에서 채택됩니다. 이와 관련해 나는 앙리 레비브륄[37]이 (박사학위 논문에서) 내린 정의가 떠오릅니다. "우리는 사회적으로 된 현상을 역사적 현상이라고 부른다."

도덕적 관점에서도 유보해야 할 사항이 있습니다. "미개인"과 우리 사이의 격차는 피아제 씨가 생각하는 것만큼 크지 않습니다. 피아제 씨는 상호성이라는 개념을 아동기를 벗어난 개인의 특권 혹은 이미 문명화된 사회의 특권으로 만들었습니다. 그러나 푸에고 제도의 원주민과 오스트레일리아의 원주민을 비롯해 여러 원시 민족, 더 나아가 소위 거대한 신석기 문명의 사람들까지도 상호성 개념을 가지고 있습니다. 상호성만으로 반드시 평등에 이르는 것은 아닙니다. 1세대에서 2세대로, 2세대에서 3세대로 상호성이 성립한다고 해서, 그것을 평등이라고 할 수는 없지요. 남자와 여자 사이도 마찬가지입니다. 이 주제에 대해서는 증여 형태에 대한 프랑스 사회학자들의 연구를 참조하시기 바랍니다.[38]

---

37 (옮긴이) 앙리 레비브륄(Henri Lévy-Bruhl, 1884~1964)은 뤼시앵 레비브륄의 아들이자 모스의 제자로서 프랑스 사회학계에서 법사회학의 창시자 중 한 명으로 평가받고 있다. 1차 세계대전 이후 모스와 함께 『사회학연보』를 이끌었으며, 주로 고대 로마법과 프랑스 혁명기의 상법 등을 연구했다.

38 (옮긴이) 발표 당일 피아제는 유럽 아동의 상호적(réciprocité) 관점, 즉 타인의 관점에서 자신을 상대화하는 태도가 인지 발달 과정에서 어떻게 나타나는지를 논했다. 이에 대해 모스는 유럽의 아동만을 대상으로 상호적 관점의 발전 단계를 논하

인간이라는 유일한 개념에 관해서는 우리의 의견이 일치할 수 있을 겁니다. 그러나 일반적으로 이성의 형성 과정에서 개인의 역할이 무엇인가에 대한 질문을 놓고 우리가 동의할 수 있을지 모르겠군요. 그러니 관찰된 사실들을 기다려봅시다.

피아제 내가 모스 씨를 제대로 이해했다면, 우리는 심리학적 관찰로 연구한 개인과 통계적 방법으로 연구한 사회를 비교할 가능성에 동의할 수 있습니다. 오직 사회학자들이 사회에서 통계적·역사적 현상만을 관찰합니다. 반면에 나는 사회생활의 본질적 사실 중 하나인 세대 간 압박을 심리학적 방법으로 연구해야 한다고 생각합니다.

모스 동의합니다. 하지만 우리는 통계와 비교 역사학을 통해 사회에서 나타나는 연령과 성별의 대립 및 세대 간 대립을 연구할 수 있습니다. 각각의 대립의 비율은 향후 결정해야 할 문제이

는 것은 일종의 자민족중심주의에 귀속될 수 있음을 환기하면서, 비유럽 전통 사회에서 상호적 관점이 어떻게 성립하는지를 탐구해야 한다고 주장한다. 여기서 모스는 증여 행위를 통해 드러나는 호혜성(혹은 상호성), 특히 세대별로 이루어지는 '간접적 호혜성'에 주목하고 있다. 이에 관해서는 마르셀 모스의 "La cohésion sociale dans les sociétés polysegmentaires"(1931), in *Œuvres* 3, Paris: Les Editions de Minuit, 1969, pp. 11~27 참조할 수 있다.

지요. 간단히 말해서 피아제 씨는 개인에서 시작하는 반면 우리는 사회에서 시작합니다. 그렇지만 동일한 대상을 망원경의 두 개의 다른 끝을 통해 보고 있는 것이지요.

베르 사회학자와 심리학자를 한자리에 모으는 동시에 각자 자기 방식으로 작업하게 두는 것이 이상적이겠군요.

모스 그런데 사람들은 심리학 방법에 대한 우리의 반대를 과장합니다. 뒤르켐 자신도 두 차례에 걸쳐 심리학 강좌를 개설한 적이 있습니다. 우리는 모두 이 전통을 이어 왔습니다.

피아제 여기 르네 위베르(René Hubert) 씨가 최근 논문에서 제기한 질문이 있습니다. "피타고라스 정리가 그것을 생각해 낸 최초의 사람들과 같은 방식으로 우리의 사고에도 반드시 요구된다고 생각하십니까?"

모스 천만에요. 그 차이는 커서 설명하기 쉽습니다. 인간의 사고는 완전히 상징적이고 경험적인 표상에서 증명으로, 기하학 및 추론된 경험으로 이행했습니다. 모든 지식은 처음에는 상징의 권위에만 의존합니다. 거기에 이성의 권위가 더해졌다면, 아주 긴

발걸음을 이미 내디딘 셈이지요. […]

해설

총체적 인간의 사회학

이 책은 마르셀 모스가 프랑스 심리학회에서 강연할 목적으로 작성한 네 편의 글을 우리말로 옮긴 것이다. 세 편은 인간의 몸에 관한 사회학과 인류학의 원류(源流)에 속하는 「감정 표현의 의무」(1921), 「집단이 암시하는 죽음 관념이 개인에게 미치는 신체적 영향」(1926), 「몸 테크닉」(1936)이며, 나머지 한 편은 심리학과 사회학의 성과를 검토하고 두 학문의 협력 관계를 모색한 「심리학과 사회학의 실질적이고 실천적인 관계」(1924)이다.

모스 선집의 첫 권을 그의 주저로 널리 알려진 텍스트 대신 심리학회 강연문으로 구성한 까닭은, 모스가 줄곧 생각해 왔던 사회학의 궁극적 대상이 이 네 편의 글을 통해 명료하게 드러나기 때문이다. 모스는 강연 형식의 생생한 어조로 사회학이 파헤쳐야 할 연구 대상이 '총체적 인간'임을 밝혔다. 무엇보다도 모스가 이 개념을 심리학자들 앞에서 제안한 점은 특기할 만하다. 아직 사회학이 제도적인 학문의 장에 진입하지 못했던 시기에, 사회학은 인접 학문에 맞서 자기 영역을 확보하는 것만으로도 제 소명을 다할 수 있었다. 뒤르켐은 사회학이 존재한다면 다른 학문에 의해서 그 대상이 규정되어서는 안 된다고 생각했으며, 무엇보다도 심리학의 접근법과 반대되는 대척점에서 사회학 고유의 대상을 확보하려고 했다. 그러나 사회학의 창설자가 활동했던 영웅적 시기는 끝났다. 뒤르켐과는 달리 모스는 사회적인 것과 비사회적인 것의 명료한 구별보다는 양자 사이의 상관관계를 드러내기 위해 애썼으며, 사회학에 새로운 길을 터주기 위해 과감하게 인접 학문에 눈을 돌렸다. 그는 사회학으로도 심리학으로도 구획 지을 수 없는 인간 존재의 총체성을 강조했고, 두 학문이 궁극적으로 고찰해야 할 대상도 바로 이 총체적 인간임을 힘주어 강조했다.

　모스는 총체적 인간이라는 개념을 사회학의 일반 범주에서 벗어난 잡동사니 같은 사실들 속에서 찾아냈다. 눈물로 인사하기, 리듬에 맞춰 울부짖기, 저주의 말 한마디로 인한 죽음, 걷고 뛰고 헤엄치는 몸 테크닉 등이 바로 당시 사회학의 가장자리로 밀려나 있던 잔여물에 해당한다. 모스는 이런 사실들의 상당 부분을 '멀리 떨어진 곳의 민족지'와 '군인으로서의 자기 체험'에서 발견했고 그것을 '지금의 사회학'을 위한 필수불가결한 자료로 가다듬었다. 그는 비유럽 사회의 한 부족에게 유효한 것이 유럽 사회의 구성원들에게도 유효한지를 주의 깊게 논했고 이러한 비교가 진화론적 해석으로 치닫지 않도록 주의를 기울였다. 또한 단순하고 무분별한 비교 방법을 경계하려면 무엇보다도 각 사회의 구성원들이 구체적으로 무엇을 믿고 느끼는지 그리고 어떻게 행동하는지를 상세히 기술해야 한다고 가르쳤다.

모스의 강연문에 등장하는 잡다한 사실들은 뒤르켐이 말한 '사회적 사실'의 본보기가 아니다. 실은 그 이상이다. 거기에는 생리적-심리적-사회적 복합체로서 총체적 인간이 새겨져 있기 때문이다. 물론 사회적인 것은 어느 때나, 어디에나 있다. 쪼그려 앉는 자세에도 있고, 아이에게 젖을 물리는 동작에도 있고, 죄책감에 시름시름 앓다가 죽을 때에도 있고, 고인을 추모하며 눈물을 흘려야 할 때에도 있다. 이 모든 행동이 공동생활에서 기인한 집합적 의미를 띠는 것은 틀림없는 사실이다. 그러나 사회적인 것은 생리적인 것과 심리적인 것이 교차하는 하나하나의 구체적 상황에서만 실재적이고 객관적이다. 아주 거칠게 말하면, 사회적인 것은 어디에나 있지만 생리적-심리적인 것과 만나지 않으면 어디에도 없다. 따라서 사회적인 것은 사회적인 것으로만 설명해야 한다는 뒤르켐 사회학의 법칙은 이렇게 수정돼야 한다. 사회적인 것은 '스스로 자신을 생성하는'(sui generis) 과정에서만 고찰되어서는 안 되며, 개인 고유의 심리적 사실과 생리적 사실에 의해 조절되어 특별한 효과를 낳는 사실로 다루어야 한다. 총체적 인간 개념을 정의하는 문제는 바로 이런 지평에 놓여 있다.

애도의 의무와 죽음의 암시 효과, 몸 테크닉을 둘러싼 세세한 사실들을 고찰함으로써 모스는 오늘날 사회학과 인류학이 간과해서는 안 될 총체적 인간 개념의 윤곽을 드러냈다. 총체적 인간은 모든 문명이 그 독특한 사회적 환경과 고유한 지리적 · 역사적 맥락 속에서 빚어낸 구체적이고 평범한 인간이다. 이 개념을 바탕으로 우리는 개개의 몸과 마음으로 구축된 통합적 차원에서 사회적인 것의 진정한 의미를 붙잡을 수 있을 것이다.

이제 세 강연문의 핵심 주제와 그 함의가 무엇인지, 그리고 모스가 사회학과 심리학의 공통영역에서 추출한 개념들이 각 강연문 속에서 어떻게 반영되고 있는지 간략히 살펴보자.

감정 표현의 의무

「감정 표현의 의무」에서 모스가 탐구 대상으로 삼은 것은 오스트레일리아 원주민들의 장례 절차, 그중에서도 "비명과 연설, 노래를 포함하는"(16쪽) 구두 의례이다. 망자 앞에서 사람들이 느끼는 고통과 슬픔이 아무리 내밀한 심리 현상이라고 해도 그것을 표현하는 방식은 사회적으로 결정된다. 뒤르켐과 마찬가지로 모스 역시 애도의 표현이 개인의 자발성에 전적으로 맡겨지지 않는 다는 점을 강조한다. 그것은 집단의 기대에 어긋나지 않도록 개인 이 의무적으로 따라야 할 특별한 규정과 형태를 요청한다. 하지만 모스는 이 의무적 차원을 개인의 심리적 · 생리적 상태와 무관하 게 작용하는 사회적 구속으로 여기지 않는다.

이 강연문에서 주목해야 할 것은 모스가 애도 과정에서 표현 되는 울부짖음과 비명을 일종의 언어로 간주하고 집단이 공유하 는 상징체계의 견지에서 해석한다는 점이다. 언어와 마찬가지로 울부짖음과 비명은 특정한 리듬에 맞춰 표현해야 한다. 그래야만 사람들은 애도의 감정을 서로가 이해할 수 있게끔 명확히 전달할 수 있다. 장례식의 눈물이 생리적 분비물에 그치지 않고 곡소리가 마구잡이식의 탄식이 아닌 것도 바로 이런 이유 때문이다.

1. 일정량의 비명

사실 장례식에서 나타나는 애도 표현의 의무는 뒤르켐 학파의 전통적 주제에 속한다. 에르츠(R. Hertz)는 인도네시아 다약족의 이중 장례식을 통해 애도 의무가 어떻게 개시되고 종결되는지를 상세히 밝혔으며, 뒤르켐도 오스트레일리아 원주민의 속죄의식을 기술하면서 이 주제를 순수/불순의 전도 현상과 연관 지어 언급한 바 있다.[1] 그런데 뒤르켐의 조카이자 제자로서 그의 사상에 큰 영향을 받은 만큼, 모스 역시 개인에 대한 사회의 초월성을 입증할 목적으로 이 주제를 다룬 것은 아닌지 생각해 볼 수 있다.

뒤르켐은 개인 심리에 대해 집단적 규범이 갖는 구속력의 측면에서 애도 표현의 의무에 접근한다. 실제로 그는 『종교 생활의 기본형태』의 한 장에서 애도를 개인의 정서와 상관없이 따라야 할 의무로 간주한다.

> 애도는 심각한 상실로 인해 상처받은 개인감정의 자연스러운 동요가 아니다. 그것은 집단이 부과한 의무이다. 사람들은 단지 슬퍼서가 아니라 그렇게 하도록 강요당하기 때문에 우는 것이다. 그것은 사람들이 관습을 존중하기 때문에 적응해야 하는 의례적 태도이다. 그러나 이것은 대개 개인의 감정상태와는 무관하다.[2]

뒤르켐의 주장에 따르면, 애도는 상당할 정도로 개인의 정서적 상태와 무관하기에 개인감정의 자발적 표현으로 간주할 수 없

---

1   로베르 에르츠, 『죽음과 오른손』, 박정호 역, 문학동네, 2022; 에밀 뒤르켐, 『종교생활의 원초적 형태』, 민혜숙·노치준 역, 한길사, 2022.

2   에밀 뒤르켐, 위의 책. 747쪽.

다. 그것은 망자에 대한 개인적 기억, 표상, 감정을 노출하는 것이 아니라 개인에 외재하는 사회적 의무를 엄격하게 따르는 일이다. 따라서 뒤르켐에게 중요한 것은 개인 심리가 아니라 그것을 억제하고 안정하게 틀 잡아줄 특별한 제의적 관습, 규칙, 제도, 금기와 같은 규범적 코드이다.

하지만 이런 주장에는 받아들이기 어려운 측면이 있다. 뒤르켐이 관찰한 애도자는 마치 과잉 사회화된 사람처럼 보인다. 누군가 죽었을 때 눈물을 흘리는 이유가 단지 슬퍼서가 아니라 울어야 할 의무 때문이라면, 개인의 몸과 마음은 사회적 의무의 강제력을 쉽게 흡수할 수 있는 수용체로 단순화되고 만다. 그런데 애도의 의무를 따르는 사람에게 자신의 심리적·생리적 상태가 그처럼 무가치한 것으로 의식될 수 있는가? 과연 감정 표현의 의무가 감정의 자연적 성격을 속박하는 장치로 작용할 수 있는가? 모스가 다루려는 문제가 바로 이것이다.

물론 모스도 애도 의무의 구속력과 엄격한 사회적 기준을 언급한다. 실제로 그는 애도 의무가 친족 시스템에서 각 개인의 위치에 따라 다르게 나타나며, 유족이 남자인지 여자인지에 따라 그리고 고인과의 근접성에 따라 표현해야 할 슬픔의 양까지 정해진다는 사실에 주목한다. "일정량의 비명 지르기"와 같은 기이한 관습이 바로 그런 사례에 속한다.

그들은 일정량의 비명 지르기도 충족해야 합니다. 태플린(Taplin)은 나린예리족(Narrinyerri) 사이에는 "관습적으로 정해진 양의 울음과 비명"이 있었다고 말했지요. 그런데 관습과 규칙이 있다고 해서 감정의 진정성이 배제되는 것은 결코 아닙니다. 우리의 장례 관습이 진정성을 배제하지 않듯이 말입니다. 이 모든 것은 사회적이고 의무적일 뿐 아니라 격렬하고 자연스럽습니다. 이처럼 고통을 추구하는 것과 고통을 표현하는 것은 함께 이루어집니다.(24-25쪽)

여기서 모스는 애도가 관례적인 상징과 의무적인 몸짓으로 표현되어야 함을 지적하면서도, 정량화된 비명이 슬픔을 그저 인위적으로 '분출'하는 기제가 아님을 강조한다. 물론 일정량의 비명을 지르기 위해서 어떤 이는 자신의 감정을 억지로 부추기거나 자제해야 할지도 모른다. 하지만 특정 개인에게 일정량의 비명을 할당한다고 해서, 이 관습이 감정의 자연스러움을 배제하는 것은 아니다. 그것은 억지스러운 비명을 강요하는 것이 아니라 감정의 자연스러움을 다스려가며 표현하게 해주는 방식으로 봐야 한다. 역설적이게도 슬픔의 자연적 성격을 진지하게 표현해주는 것이 바로 "정해진 양의 울음과 비명"의 역할이다. 따라서 흐느끼는 소리가 엄격한 문화적 코드에 따라 발성되더라도 애도의 감정은 자연성과 진정성을 모두 유지할 수 있다.

애도 절차의 세밀한 규정은 개개인의 심리적 · 생리적 상태에 외재하고 그것을 초월하는 규범이 아니다. 그것은 개인의 내부에서 작동하는 심리적 · 생리적 사실과 한 덩어리를 이루며, 바로 그럴 때만 제대로 작동할 수 있다. 이런 관점에서 의무란 개인의 저항에도 불구하고 강제되는 것이 아니라 개인의 감정을 그의 심리적 · 생리적 조건에 맞춰 가장 적절하게 표현해줄 합의점을 제시해주는 것으로 이해해야 한다. 가령 일정량으로만 눈물을 흘려야 한다면, 바로 이 '일정량'은 개인감정의 자유로운 분출을 제한하면서 동시에 그것의 효과적 표현을 돕는 생리적 지점에 해당한다.

모스는 애도의 의무에서 개인의 심리적–생리적–사회적 차원이 맺는 특별한 관계에 주목한다. 그에 따르면 일정량의 눈물을 흘리거나 탄식할 때, 개인의식의 층은 사회적인 것(의무)과 생리적인 것(눈물)의 '직접적 결합'에 방해되지 않도록 얇아진다. 이에 관해 모스는 「심리학과 심리학의 실질적이고 실천적인 관계」에서 다음과 같이 말한다.

우리 사회학은 신체의 생명 현상을 다루는 생리학에 매우 근접해 있어서 개인의식의 층이 사회적인 것과 생리적인 것 사이에 눌려 아주 얇게 보일 정도입니다. 웃음, 눈물, 장례식의 애가(哀歌), 의례적 감정 분출은 의무적으로 표현해야 할 몸짓이자 기호이면서 동시에 생리적

반응입니다.(136~137쪽)

따라서 애도 의무는 개인의 생리적 메커니즘과 무관한 규범이
아니라, 그것과 효과적으로 연동하는 규범으로 봐야 마땅하다. 애
도 의무는 개인의 신체 분비물(눈물)과 특정 음역의 목소리(비명)
라는 상징을 통해 번역된다. 이러한 상징적 번역을 거쳐야만 한
개인은 집단이 요청하는 '기대'에 부응하는 인격을 얻을 수 있다.
뒤르켐 학파의 일원이었던 그라네(M. Granet)가 언급한 중국의 상
례 역시 같은 관점에서 접근할 수 있다.

"(상(喪)을 당한 아들이) 웃옷을 벗고 펄쩍 뛰며 사지를 움직이게 되
면 그의 마음은 진정되고 숨결(氣)은 가라앉는다." 이렇듯 상을 당한
아들은 의례에 따라 펄쩍 뛰어 호흡과 심장박동에 율동적 규칙성을
회복할 수 있게 된다. 의식(과 음악)이 지니는 큰 효력은 몸동작이나
생명기능소(生命機能素)에 규칙적인 율동을 주입하는 데 있다. 존재방
식이 예법의 통치를 따를 때, 존재는 격상하고 지속적으로 영위될 자
격을 얻는다. 이 상징체계를 자기화하는 개인은 국가의 문명을 자신
의 몸속에 간직하게 된다. 그럴 때 그는 사람들에게 인정받을 수 있

게 되며, 하나의 개인성도 얻게 된다.[3]

이처럼 애도 표현의 의무는 죽은 자에 대한 사회적-심리적-생리적 응답이라는 총체적 수준에서 검토해야 할 문제이며, 이러한 응답을 수행하는 개인 역시 구체적이고 총체적인 인간으로 접근해야 한다. 의무를 진 개인은 사회적 규범에 일방적으로 구속된 인간이 아니다. 그는 사회적인 것을 자신의 심리적-생리적 구성요소에 적극적으로 편입시켜 구현할 줄 아는 존재이다. 그러므로 사회적인 것은 항상 구체적인 개인적 사실로 나타난다. 모스는 「심리학과 심리학의 실질적이고 실천적인 관계」에서 이 점을 명확히 강조한다.

특수한 사실을 연구하든 일반적 사실을 연구하든 우리가 다루는 것은 항상 완전한 사람입니다. 예를 들어 리듬과 상징은 인간의 미적 능력이나 상상력뿐 아니라 그의 전신과 정신 모두를 동시에 작동시킵니다. 사회 자체에서 특수한 사실을 연구할 때 우리가 다루고 있는 것은 총체적인 심리-생리학적 복합체(complexus psycho-physiologique)입니다. "의무를 진" 개인의 상태, 즉 도덕적으로 구속

3   마르셀 그라네, 『중국사유』, 유병태 역, 한길사, 2015. 416~417쪽.

해설 _ 총체적 인간의 사회학
199

되어 있으며 명예가 걸린 일과 같은 여러 의무에 환각적으로 사로잡힌 상태를 설명하려면, 이러한 의무감의 심리적 효과뿐만 아니라 생리적 효과도 알아야 합니다. 예를 들어, 사람이 기도할 때 어떻게 말을 하는지, 어떻게 자기 목소리를 듣고 믿으며 온 힘을 다해 감정을 드러내는지를 이해하지 않으면, 우리는 그가 왜 기도를 효과적이라고 믿는지 이해할 수 없습니다.(163~164쪽)

2. 애도 표현의 언어적 특성

애도의 감정은 관습적 규약을 통해 표현해야 한다. 개인은 자연스럽게 애도의 감정을 일으키지만, 그것을 타인에게 전달하기 위해서는 정해진 방식대로 드러내야 한다. 개인은 고통과 슬픔을 자신뿐 아니라 모든 이에게 의미 있게 표현해야 할 의무를 진다. 따라서 장례식의 울부짖는 행위는 슬픔의 단순한 사적 분출이 아니다. 여기서 모스는 감정 표현의 중요한 역설을 지적한다. 즉, 울부짖는 소리는 인위적으로 조성된 리듬과 운율을 따를 때만 비로소 자연스러운 감정을 실어 나를 수 있다. 장례식의 구두 의례가 지닌 온갖 효력은 그것이 선율과 리듬을 갖춘 조율화된 비명을 동반한다는 점에 기인한다. 따라서 오스트레일리아 원주민들의 비명 지르기와 흐느낌이 아무리 비분절적으로 보일지라도 거기에는 항상 집단적으로 구성된 리듬이 존재한다. 함께 울부짖을 때는 물론 홀로 남겨졌을 때도 개인은 이러한 집단적 리듬에 맞춰 탄식한다.

이런 의미에서 비명과 울부짖음은 '언어'와 동등한 위상을 점한다. 한 사람이 홀로 사용해도 모두가 알아듣는 소리야말로 모두에게 의미 있는 언어와 다를 바 없기 때문이다. 비명과 울부짖음은 순전히 개인적인 감정적 표출이 아니다. 그것은 "별것 아닌 단순한 간투사(間投詞)"(26쪽)가 아니라 "심미적이고 성스러운 발성, 그렇기에 사회적이라고 할 수 있는 발성"(25쪽)이다.

집단적 리듬에 맞춰 애도를 표현해야 한다는 규범은 개인감정의 진정성과 어긋나지 않는다. 슬픔의 자연적 성격과 그 표현의 관례적 성격은 대립하지 않는다. 오히려 양자는 효과적으로 결합한다. 왜냐하면 리듬이야말로 슬픔의 자연스러움과 그 진정성을 타인이 이해할 수 있도록 표현해주는 탁월한 수단이기 때문이다. 그라네가 관찰한 중국의 상례에서도 곡소리에 부여된 리듬의 역할이 명확히 나타난다.

상(喪)의 방식마저 ─ 때로는 끊임없이 대성통곡하고, 때로는 곡(哭)하는 가운데 하소연하고(넋두리를 늘어놓고), 때로는 곡의 높이를 세 번 바꾼 후 멈추고, 때로는 단지 탄식만을 거듭하는 식으로 ─ 규정되고 통제되었다. 누구에게도 순간의 우연을 따르도록 허용되지 않았다. 모든 개인적 충동과 기행(奇行)은 엄중한 질타의 대상이었으며 정도에 관계없이 그 장본인을 격하하는 원인이 되었다. 어머니를 여읜 어떤 자가 어린애의 울음처럼 절제 없이 우니, 공자가 다음과 같이 말했다. "상을 당했으니 어찌 슬퍼하지 않겠는가! 그래도 저래서는 남이 본받을 수 없겠지. 대저 예(禮)는 남에게 전할 수 있고 남이 본받을 수 있어야 한다. 그러므로 울부짖음과 펄쩍 뜀에도 절도가 있다!"[4]

예법에 맞게 곡하는 목적은 슬픔을 남에게 전달하고 남이 그것을 본받도록 하는 데 있다. 따라서 곡소리는 개인이 자신의 집단에 슬픔과 고통의 언어로 말을 걸어 집단과 융화될 수 있게 해주는 소통의 역학을 작동시킨다. 감정을 집단적 상징체계를 매개로 표현함으로써, 나의 고통은 나와 다른 사람 모두에게 의미 있는 고통이 되는 것이다.

이렇듯 비명과 울부짖음은 언어 행위의 수준에서 고찰해야 할 인간의 상징적 능력을 예시한다. 여기서 나타나는 리듬을 미적 효과를 부추기는 기교나 유희 활동을 치장하는 장식물로 치부해서는 안 된다. 리듬을 갖춘 비명과 울부짖음은 상대방에게 전달되는 감정의 상징이자 기호이다. 모스에게 리듬은 공생하고자 하는 도

4   위의 책, 415쪽.

덕적 충동의 표현이고 동기이고 결과이다. 리듬이 없다면 인간은 개인적으로도 사회적으로도 살 수 없다.

> [비명과 울부짖는 소리 같은] 개인과 집단 감정의 이 모든 집합적이고 동시적인 표현은 도덕적 가치와 강제력을 지니는바, 그것은 단순한 표출이 아니라 이해된 표현의 기호, 요컨대 언어입니다. 비명은 문구나 단어와 유사합니다. 무언가 말해야 할 때 반드시 특정 문구나 단어로 말해야 한다면, 그것은 집단 전체가 그 언어를 이해하기 때문입니다. 그러므로 우리는 단순히 자신의 감정을 나타내는 데 그치지 않습니다. 타인에게 자신의 감정을 나타내는 것은 그렇게 해야 하기 때문입니다. 우리는 타인에게 감정을 표현하고 타인을 대신해 표현함으로써 자기 자신에게도 그 감정을 나타낼 수 있습니다. 이는 본질적으로 상징적인 것입니다.(28쪽)

모스의 강연문은 오스트레일리아 장례 의식의 눈물과 비명, 울부짖음이 인간 감정의 생리적 표출이고 관습적인 감정 표현의 의무이고 일종의 언어임을 보여준다. 일정량의 비명이나 리듬이 실린 울부짖음은 심리적 고통의 자연적 분출을 제어해 그것을 사회적 소통에 적합한 상징적 질서에 편입시키려는 인간의 의도를 보여준다. 하지만 모스의 총체적 인간 개념이 이런 양상만 보여주는 것은 아니다. 이제부터 살펴볼 또 다른 강연문은 의식이 암시 상태에 휩싸이고 사회적인 것과 생리적인 것이 기이하게 결합하는 현상을 다룬다.

죽음의 암시가 신체에 미치는 효과

「집단이 암시하는 죽음 관념이 개인에게 미치는 신체적 효과」에서 모스는 '죽음의 암시'가 일으키는 특이한 병리적 현상을 통해 '총체적 인간' 개념에 접근한다. 집단이 암시하는 죽음 관념은 개인의 미세한 신체 조직에 파고들어 실제 죽음에 이르게 하는 불가사의한 상징적 효과를 일으키는데, 모스는 이 메커니즘을 연구하면 "신체적인 것, 심리적인 것, 정신적인 것(즉 사회적인 것)이 직접 연결되어 있음을 입증"(35쪽)할 수 있다고 본다. 여기서 모스의 관심사는 뒤르켐이 『자살론』에서 제시한 문제의식과 맞닿아 있다. 자살과 마찬가지로 이 경우에도 사회가 개인에게 부정적으로 제시되는 현상이 관건이기 때문이다. 따라서 이 강연문은 뒤르켐의 『자살론』을 민족학적으로 보충하고 완성하려는 기획, 즉 모스의 말대로 "아노미적 자살 이론을 뒷받침하고 확대"(70쪽)한다는 기획으로 읽을 수 있다.

1. 피암시성에서 자기암시로

그런데 이 강연문의 주제인 죽음의 암시 효과를 단지 아노미적 자살을 보충하는 요소로만 단순화하기는 어렵다. 무엇보다도 죽음의 암시 효과를 포괄하기에는 아노미에 함축된 의미는 상당히 제한적이다. 모스에 따르면, 아노미라는 용어는 "지나치게 철학적이고 법적이고 도덕적이며, 충분히 구체적이지 못하다."[5] 죽음의 암시로 자기보존 본능을 파괴하는 현상을 비단 아노미적 위기로만 해석할 수는 없다. 그것은 불안정한 정신적 위기를 넘어 심리적이면서 생리적 위기, 즉 개인 내부에서 일어나는 총체적 위기와 결부되기 때문이다. 다른 한편, 죽음의 암시 효과는『자살론』의 사회적 압력과는 다른 방식으로 작용한다는 점도 지적할 수 있다. 잘 알려졌듯이 뒤르켐은 통계적 방법에 근거해 일정 사회의 고유한 자살률을 결정짓는 법칙을 찾는다. 이때 자살을 일으키는 원인은 개인이 알지 못하는, 그의 심리적·생리적 메커니즘에 외재한 모종의 압력으로 나타난다. 그런데 이 강연문에서 모스가 주목하는 죽음은 자살과는 다른 원인을 갖는다.

먼저 모스가 죽음의 암시에서 무엇을 '문제적 현상'으로 여겼

---

5   Marcel Mauss, *Ecrits politiques*, Fayard, 1997, p. 771.

는지 살펴보자. 흥미롭게도 모스의 관심은 개인을 죽음으로 내모는 사회의 강제력보다는 개인에게서 발생하는 암시의 구체적 '효과'에 더 많이 기울어져 있다. 이 효과는 다음과 같이 간략히 기술할 수 있다.

누군가 사회의 금기를 어겨 치명적 죄를 저지르면 그는 자신의 생명을 유지해주던 성스러운 힘과의 교류를 상실한다. 더 이상 사회적 보호를 받을 수 없다고 확신한 그는 집단이 암시한 죽음의 관념을 내재화해 심리적 불균형 상태에 이른 뒤 며칠 후 실제로 죽게 된다. 여기서 죽음은 사고나 질병 혹은 자살에 의해서가 아니라 자신이 죽을 것이라는 주관적 확신에서 발생한다.

여기서 한 가지 사실에 주의해야 한다. 집단의 저주를 받은 개인은 초개인적 힘이 할당된 암시를 그대로 수용하는 무력한 존재가 아니다. 그는 집단의 암시('너는 죽을 것이다')로 촉발된 심리적 교란 상태에서 자기 스스로 재차 암시를 걸 수 있는 존재('나는 죽을 것이다')로 등장한다. 그러므로 그의 죽음은 '피암시성'이 아니라 '자기암시'로 인한 죽음에 가깝다.[6] 실제로 모스는 강연문의 고찰 대상을 자기 죽음을 스스로 생산하는 개인에 한정한다.

---

6   Bruno Karsenti, *L'homme total sociologie, anthropologie et philosophie chez Marcel Mauss.* Paris: PUF, 1997, pp. 92~93.

그러므로 […] 정확히 집단적 원인에 의해서 자기 죽음이 임박했다고 믿었던 경우만 고찰하겠습니다. 일반적으로 이 상태는 주술에 걸렸거나 죄를 저질러 평상시 자기를 지탱해 주던 성스러운 힘과 사물과의 영적 교섭에서 단절된 상태와 일치합니다. 이때 전적으로 집단에서 유래한 관념과 감정이 개인의 의식을 온통 뒤덮게 됩니다. 하지만 어떠한 신체적 장애도 일으키지 않습니다. […] 그는 자신이 주술에 걸렸다고 믿어서 혹은 잘못을 저질렀다고 믿어서 죽는 것입니다.(38쪽)

금기시된 동물을 먹고 남들에게 들킨 바람에 몸져누워 3주 만에 죽은 쿠르드족 소년, 여자 정령이 달라붙었다는 주술사의 말을 듣고 이틀 만에 죽은 마오리족 추장, '너는 곧 죽을 것'이라는 저주의 말 한마디에 한 달도 못 되어 죽은 오스트레일리아의 흑인 하녀 등 모스가 제시한 사례들은 자기 앞에 투영된 죽음의 미래에 스스로 견인되는 개인들의 기이한 자기 파멸을 보여준다. 아주 작은 지각이나 정신적 충격만으로도 자기 존재 전체에 영향을 받기에, 이들은 죽음을 예고하는 저주나 주술에 걸렸다고 믿게 되면 실제로 삶의 의욕을 상실한 채 무기력하게 죽음에 이르고 만다. 그들은 모두 집단의 암시가 정말 효력을 일으킨다고 자기 자신에게 위험천만한 암시를 걸었다. 따라서 여기서 나타나는 죽음은 뒤르켐이 고찰한 자살과 다르다. 그들은 의식하지 못했던 사회적 강요로 스스로 죽음에 이른 것이 아니라, "죽을 것이라는 사실을 알고 있거나 (같은 말이지만) 그렇게 믿어서"(37쪽) 죽은 것이다.

강연문에서 모스는 죽음의 암시에 시달렸던 당사자들의 의식 상태에 주목한다. 이들 대부분은 자신이 해서는 안 될 일을 저질렀음을 '알고' 있다. 또한 그로 인해 곧 죽을 것이라고 '믿고' 있다. 따라서 죽음의 집단적 암시는 오직 그 암시에 대한 주관적 믿음을 경유할 때만 효력을 일으킨다. 죽음을 피할 수 없다는 사실에 대한 주관적 믿음이 죽음을 일으키는 결정적 요인인 셈이다.

이런 점에서 개인의식은 집단적 힘의 파장이 고스란히 새겨지는 영역으로 볼 수 없다. 죽음의 암시 효과를 제대로 파악하려면 무력한 개인의식, 즉 외부의 충격파를 그대로 흡수해버리는 스펀지 같은 개인의식을 상상해서는 안 된다. 아무리 극단적인 상황이라도 개인의식의 고유 영역은 사라지지 않는다. 「심리학과 심리학의 실질적이고 실천적인 관계」에서 모스가 심리학자들의 영역을 존중한다고 말하면서 특별히 강조했던 것도 바로 개인의식의 고유 영역이다.

개인의 정신이 집합표상이나 집단정서에 완전히 침식되더라도, 혹은 개인의 활동이 배를 끌거나 전쟁터에서 싸우고 전진하고 도주하는 것처럼 전적으로 집단적 활동에 전념하더라도, 개인이 특정 행위와 인상의 원천이라는 사실에 대해 우리는 이견이 없습니다. […] 집단이 암시하는 힘이 어떠하든, 집단은 항상 개인에게 개인의식이라는 성역을 남깁니다.(137쪽)

따라서 한 개인이 죽기를 원치 않지만 스스로 신진대사 활동을 멈춰 죽는 현상은 "개인의식이라는 성역" 속에서 스스로 행하는 자기 결정에 기인한다고 봐야 한다. 죽음의 암시는 개인의식 바깥에서 생겨나 그 내부로 '침투'하는 식으로 작용하지 않는다. 반대로 개인은 죽을 수밖에 없다고 스스로 믿음으로써 암시를 자기의식 속에 적극적으로 편입시킨다. 자신을 죽음으로 모는 힘의 원천이 개인의식 바깥의 집단적 암시라고 해도, 그 암시의 구체적 효과는 개인의식 내부에서 일어나는 자기암시를 통해서만 가능하다.

2. 본능으로서 사회적 삶

집단의 암시를 통해 개인은 자신이 사회로부터 더는 보호받지 못해 곧 사경을 헤맬 것이라고 스스로 확신함으로써 실제로 죽음에 이르게 된다. 모스의 강연문은 인간의 몸과 마음이 죽음을 예감케 하거나 선동하는 집합적 언어의 효력을 피하지 못할 만큼 매우 취약하다는 사실을 알려준다. 이런 일은 폴리네시아나 오스트레일리아 원주민들 사이에서만 일어나는 신비한 현상이 아니다. 「심리학과 사회학의 실질적이고 실천적인 관계」에서 모스는 1차 세계대전에 참전하면서 겪었던 극심한 공포를 통해 존재 전체를 활기차게 하거나 낙담케 하는 신체적·정신적 에너지에 관해 언급한다.

나는 전쟁 중에 나 자신을 관찰할 수 있었습니다. 신경이 안정되었을 때 생기는 체력과 정신력이 어떤 것인지를 나는 폭력적인 경험을 통해 알고 있습니다. 함께 참전한 동료의 체력과 정신력을 물리적으로 느꼈을 때 내 안에 어떤 힘이 생기는지도 알고 있습니다. 나 역시 전쟁의 공포를 체험했는데, 공황(恐慌) 상태에 빠져 집단뿐 아니라 개인 의지 그 자체, 심지어 자기보존이라는 맹목적 본능마저도 한꺼번에 녹아버릴 정도로 강력한 공포를 느낀 적도 있었습니다.(142쪽)

모스는 평범한 서구인의 생존본능 역시 임박한 죽음의 공포로 얼마나 위협받을 수 있는지를 잘 보여준다. 전쟁은 군인들에게 죽음의 암시를 보내며, 군인들도 자기들끼리 그 암시를 발신하고 수신한다. 뒤르켐은 『자살론』에서 "전쟁과 혁명 같은 커다란 사회적 위기가 닥치면 자살이 드물게 발생한다고 주장"(141쪽)했지만, 그의 자살 통계 이면에는 더 복잡한 현실이 숨어 있다. 위기에 발생하는 '과도한 활력'이 집합표상을 강화해 사람들을 자살에서 구해내기도 하지만, 오히려 그러한 위기 속에서 사람들은 삶의 욕구를 스스로 추방할 만큼 '과도한 무력감'에 빠지기도 한다. 1차 세계대전의 참혹한 현장은 "사회생활이 덜 발달한 형태"(165쪽)에 비견되는데, 거기서 우리는 서구 문명의 혜택을 누리던 유럽인들이 별안간 "본능적 인간"(165쪽)으로 되돌아간 상황을 보게 된다. 전쟁을 겪는 군인들의 의식 상태는 폴리네시아 원주민들의 '일상적' 의식 상태와 크게 다르지 않다. 즉, 그들 모두에게 "두 극단 중 하나가 의식 전체를 지배할 뿐 그 중간은 없"(55쪽)다. 한편에는 과도한 활력, 즉 "신체적 강인함, 쾌활함, 확고함, 과격함, 순박함"이 있으며, 다른 한편에는 과도한 무력감, 즉 "별안간 발생해 무한히 계속되는 의기소침, 버림받았다는 비탄, 절망 그리고 마침내 죽음의 암시"(55~56쪽)가 있다. 단순하게 말하자면, 사회가 패닉 상태에 빠졌을 때 사람들의 개별의식에 매우 강렬한 집합표상이 담기

기도 하지만, 그로 인해 사람들이 각자 '자기 패닉'을 생산해 자신의 생리적 · 심리적 균형 상태를 스스로 교란시킬 수도 있다. 따라서 죽음의 집단적 암시만으로 인간이 꼼짝 못 하게 제어되는 메커니즘을 찾으려면, 사회의 위력과 마주한 개인의 초라한 상황을 상상하기보다는 한 개인이 그의 멀쩡했던 몸과 평범한 의식을 어떻게 스스로 어지럽히는지 기술해야 한다.

모스의 관심은 죽음의 관념에 시달리는 사람에게 정말 무슨 일이 일어나고 있는지 살펴보는 데 있다. 여기서 죽음의 암시는 사회적-심리적-생리적 총체로서 한 개인의 본성을 위협하는 사건으로 인식된다.

> [이런 사례들은] 인간의 사회적 본성과 생물학적 본성이 매우 직접적으로 서로 교차함을 드러냅니다. 자기보존의 본능이라고 불리는 것을 포함해 의식의 모든 것을 와해시키는 이 갑작스러운 공포는 무엇보다도 생명 그 자체를 와해시켜 버립니다. 심리적 연결 고리, 즉 의식은 분명하고 확고합니다. 그러나 그다지 강하지는 않습니다. 그래서 주술에 걸렸거나 죽을죄를 저지른 개인은 자기 삶의 통제권과 선택권, 자율성과 인격을 모조리 상실하게 됩니다.(68~69쪽)

죽음의 집단적 암시에 관한 논의는 결국 사회적인 것을 어떻게 개념화할 것인가라는 문제로 향한다. 사회적인 것은 개인의 외부에서 내부로 이전하는 어떤 무엇이 아니다. 개인은 사회의 수용체가 아니라 사회적-심리적-생리적 총체다. 따라서 사회학적 설명은 이 세 영역의 역동적인 상호 연관성을 파악하고 그것이 개인에게 어떤 효과를 가져오는지 기술하고 평가하는 데 집중해야 한다. 사회적인 것은 생리적인 것으로 번역되며, 심리적인 것은 사회적인 것과 심리적인 것의 연관성을 번역한다. 집단의 저주 앞에서 자기 확신만으로 아무런 외상 없이 스스로 죽음에 이를 만큼 개인은 자기 내부에서 사회적인 것의 강력한 효력을 생산한다. 여기서 개인의식은 사회적인 것과 생리적인 것의 결합을 막아주는 보호벽 기능을 수행하지 못한다. 죽을 것임을 알면서도 어쩔 도리가 없는 것이다. 집단적인 암시와 자기 죽음의 필연성에 관한 개인의 믿음이 조응하고 여기에 생리적 활동의 중단이라는 실제 죽음이 조응한다. 이처럼 사회적-심리적-생리적 차원들의 분리 불가능한 결합체로서 개인을 가정해야만 불가사의한 죽음 현상에 접근하는 통로가 열리는 것이다.

3. 총체적 인간과 분할된 인간

모스의 총체적 인간 개념은 현실에서 다양한 형태로 나타날 수 있다. 그것은 '일정량의 비명'처럼 개인 내부에서 사회적-심리적-생리적인 것이 조율되어 슬픔의 감정이 사회적 가치를 얻고 친척과 이웃에게 언어적으로 전달되는 현상으로, 집단의 부정적 암시로 개인 내부의 심리-생리적 메커니즘이 교란되고 단 하나의 강박관념이 개인의식을 사로잡는 현상으로, 혹은 정반대로 집단적 군집의 본능이 온갖 불안감을 물리치고 깨어나 개인에게 삶의 활력을 주는 현상으로 나타난다. 사실 이런 현상들은 흔하게 벌어지는 일로서, 정도의 차이는 있지만 대부분 사람에게서 어렵지 않게 찾아볼 수 있다. 그렇지만 주의해야 할 점이 있다. 모스는 총체적 인간의 특성이 모든 사람에게서 드러나는 것은 아니라고 주장한다.

모스의 총체적 인간 개념에는 중요한 사실 하나가 함축되어 있다. 그는 총체적 인간이 현대사회의 엘리트와 무관하다고 평가하면서 이 개념에 중대한 한계를 설정한다. 모스가 말하는 엘리트란 집단적 활력이나 흥분, 사회적 위협이나 저주 같은 요소들을 의식의 국소 범위에 한정시켜 심리적 · 생리적 균형을 효과적으로 유지할 줄 아는 존재를 가리킨다. 학구적 이성으로 무장한 사람들의 경우가 대표적인데, 그들은 "본능에 저항하는 방법을 알고 있으며, 교육과 개념 그리고 신중한 선택 덕분에 자기 행동 하나하나를 모두 통제"(166쪽)할 수 있다. 그들은 총체적 인간이 아니라 억제되고 통제된 인간, 즉 사회적-심리적-생리적 차원을 효과적으로 분리할 줄 아는 인간이다. 그들은 사회적인 것의 효력이 심리적-생리적 파장으로 이어지지 못하도록 단련되어 있다. 그래서 아무리 부정적 암시를 받았더라도 그들에게는 단지 일시적이고 미비한 충격만 일으킬 뿐 별다른 효과를 일으키지 않는 경우가 흔하다. "그의 지성, 그를 뒤따르는 의지, 감정 표현을 늦추는 방식, 감정을 제어하는 방식, 때로 과도하기까지 한 자기비판, 이 모든 것은 그가 순간의 폭력적인 충동에 모든 의식을 내던지지 못하게 방지"(166쪽)해주는 것이다. 더 나아가 엘리트들은 동시대 사람들 대부분이 태어나고 자라면서 참조해온 가치 판단이나 주요 관심사, 전통적 관념 등에 흔들리지 않는 심리적 깊이를 갖추고 있다고 자부하기도 한다. 이런 점에서 엘리트들에게는 총체적인 개인성의 차원이 결여되어 있다.

모스의 관점에게 엘리트가 일종의 '분할'된 인간이라면 총체적 인간은 평범하고 평균적인 인간을 가리킨다. 이 평균적 인간은 때로 통계적 표본으로 추상화될 수도 있지만, 원칙적으로는 사회적-심리적-생리적 총체성을 자기가 속한 사회의 이름에 걸맞게

('그는 영국인답다 혹은 폴리네시아 사람답다') 나름대로 구현하는 하나하나의 개인들이다.

총체적 인간 개념에 대한 논의는 여러 측면에서 제기될 수 있다. 특히 근대 사회의 엘리트를 이 개념에서 배제하는 것이 타당한지, 이 개념의 정확한 기준선이 무엇인지를 두고 많은 논란이 벌어질 수 있다. 하지만 여기서는 모스의 정곡을 찌르는 주장 하나만 살펴보도록 하자. 총체적 인간과 분할된 인간, 다시 말해 대다수 인간과 소수 엘리트의 구분을 통해 모스는 '사회학이 무엇을 대상으로 삼고 무엇을 사고하는 학문이어야 하는가'라는 근본적 질문을 던진다. 모스의 답변은 단호하다. 그는 엘리트들을 "사회학자가 일반적으로 연구해야 할 대상이 아니"(167쪽)라고 잘라 말한다. 왜냐하면 그들에게는 자기 존재가 온전히 사회적 존재로 표현되는 심리적-생리적 역동성이 극히 부족하기 때문이다. 그들은 이 역동성을 억제해 자신을 극히 단순하고 추상적인 존재로 환원시킬 줄 아는 존재이다. 그런데 정작 중요한 문제는 다른 지점에 있다. 모스는 이 분할된 존재의 렌즈를 통해 현실의 복잡한 총체적 인간을 사유하고 평가하려는 학구적 이성에 엄중한 경고를 내린다.

사회학에서 흔히 볼 수 있는 오류 중 하나는 요컨대 우리와 같은 종류의 정신상태 — 나는 그것을 학문적 정신세계라고 부르겠습니다 — 를 기반으로 또 다른 정신세계를 상상하고 그 모두가 획일적으로 일치하는 양 믿는 데 있습니다.(167쪽)

모스의 이 언급에는 훗날 부르디외가 '스콜라적 환상'이라고 일컬은 학구적 이성에 대한 비판이 잠재되어 있다. 실제로 부르디외는 '호모 아카데미쿠스'에 대한 사회학적 분석의 단서를 모스의 이 문장에서 찾을 수 있었다고 회고한다.

내가 보기에 모스는 이 문장에서 […] 자민족중심주의의 극단적 형태인 이론 중심주의를 지적하고 있다. 이 스콜라적 환상은 우리의 국가, 계급, 민족 등에서 유래한 사고 범주뿐만 아니라 우리의 학구적 "정신"을 구성하고 있는 사고 범주를 타인에게 적용하는 것으로 이루어진다. 이 문장에서 모든 사회학의 전제 조건으로서 호모 아카데미쿠스에 대한 사회학의 추동을 발견할 수 있을 것이다.[7]

부르디외의 해석은 타당하다. 모스는 자신의 특성을 마치 사

<hr />

7   Pierre Bourdieu, "Marcel Mauss, aujourd'hui," *Sociologie et sociétés*, 36(2), 2004, p. 19.

회 구성원 전체의 특성인 것처럼 일반화하는 학구적 오류, 즉 연구자 집단의 이론 중심주의를 수정하기 위한 사회학적 기획을 고무했다고 볼 수 있다. 다만 모스의 문제 설정은 현대 사회학의 세련된 논의의 장에 적합할 만큼 정교하지는 않다. 그는 학문적 정신세계의 착오를 부르디외 식의 '성찰성'이 아니라 학문 간 협력을 통해 극복하고자 한다. 모스는 학구적 이성의 시야로 가로막혔던 것을 사회학과 타 학문(특히 당시의 심리학)의 의미 있는 협력을 통해 일깨울 수 있다고 믿는다. 그는 오늘날 사회학의 관점에서 낡고 비과학적으로 보이는 '본능'이라는 심리학 용어를 빌려와서, 평균적 인간의 개인적이면서 집합적인 본능의 중요성을 강조한다. 대부분을 차지하지만 조금도 특별하지 않은 평범한 사람들은 생물학적 본능에 충실하면서도 그 본능을 집합적 본능으로 이겨내기도 한다. 위기에 처해 있든 그렇지 않든, 사회적 삶은 소수 엘리트의 자산에 불과한 추상적 이성이 아니라 모든 존재가 갖추고 있는 본능 위에 세워져 있다. "어떤 면에서 — 여러분[심리학자]은 항상 이 점을 알고 있습니다 — 사회적 삶은 확장되고 변질되고 변형되고 수정된 집단적 본능일 뿐입니다."(149쪽) 모스는 학구적 이성의 오류는 총체적 인간에 관한 심화된 연구로 바로 잡을 수 있으며, 그 단서는 인접 학문의 도움을 통해서 확보할 수 있다고 믿었다. 바로 그것이 모스에게는 한정된 지적 표상들로 인간의 사회적 삶을 온전히 파악할 수 있다는 착오에서 벗어나게 해주는 가장 확실한 방식이었을 것이다.

몸 테크닉

위에서 언급한 학구적 이성의 한계는 모스가 자신이 속한 학계에서 누차 보았던 사실이었다. 모스는 장 피아제(J. Piaget)의 발달 심리학이 유럽중심주의에 사로잡혀 구체적 인간의 총체성을 — 여기서는 '테크닉의 차원'을 포함한 총체성 — 파악하지 못한다고 지적한다.

내가 보기에 피아제 씨는 아동 일반의 심리학이 아니라 가장 문명화된 아이의 심리학을 수행했습니다. 문명화된 아이들과는 전혀 다른 환경에서 자란 아이들도 고려해야 합니다. 나는 모로코 현지의 가난한 아이들이 다섯 살이 되자마자 능란한 솜씨로 일했던 모습을 지켜본 적이 있습니다. 머리띠를 만들어 꿰매는 일이었지요. 이것은 매우 정확한 기하학적, 수리적 감각을 요구하는 섬세한 작업입니다. 모로코의 아이들은 기술자이며 우리 아이들보다 훨씬 일찍 일합니다. 어떤 면에서 그들은 우리 소시민 가정의 아이들보다 훨씬 일찍, 훨씬

빨리 그리고 아주 다른 방법으로, 즉 손으로 추론합니다. 유치원에서
도 우리 아이들은 고유한 의미에서 "수작업"을 하지 않습니다. 그저
장난치며 놀기만 하지요.(181쪽)

모스는 모로코 아이의 손기술이 펼쳐내는 구체적 효과를 관찰
하면서 인간 사고의 기하학적·수리적 범주와 신체 테크닉의 긴
밀한 연관성을 짚어낸다. 기하학과 수학, 역학의 기원에는 오랜
시간 누적된 직조술과 세공술을 비롯해 온갖 물품의 제조술이 차
지하는 몫이 존재한다. 이러한 테크닉에는 사회를 통해 물려받은
전통적 지식뿐 아니라 구체적 인간의 신체 감각과 실천 이성도 함
축되어 있다. 도자기를 굽고 천을 짜고 활을 만들 때, 사람은 전통
적 지식과 근육의 미세한 움직임, 자신의 손놀림과 주의를 집중
하는 심리 상태를 일거에 결합시킨다. 테크닉을 발휘하는 사람은
무언가를 만들어낼 뿐 아니라, 총체적 인간으로서의 자신도 만들
어낸다. 모로코 아이의 특이한 손재주는 참된 실천적 이성으로서,
그가 '모로코의 아이'이자 한 명의 '총체적 인간'임을 알려준다. 이
런 맥락에서 몸의 다양한 테크닉에 대한 모스의 고찰을 살펴볼 필
요가 있다.

모스가 1934년 심리학회에서 발표한 강연문 「몸 테크닉」은
에르츠의 「오른손의 우월성」, 짐멜의 「감각의 사회학」 등과 더불

어 몸에 관한 사회학적 성찰을 이끈 선구적 텍스트로 인정받고 있다. 몸 테크닉은 물리적 혹은 상징적 효과를 겨냥한 동작으로서, 그 안에는 연속적으로 이어지는 일련의 제스처, 밀거나 당길 때처럼 여러 근육을 한 번에 쓰는 역학적 동작, 서커스나 마술처럼 고도의 훈련이 필요한 신체적 기량, 특정 도구에 대한 몸의 적응 감각, 걷고 뛰고 팔 흔드는 일상의 평범한 몸짓, 예법과 관련된 손과 다리의 자세, 더 나아가 신성한 상태에 이르거나 신과의 교섭을 추구하는 다양한 신체 기법 등이 포함된다. 모스는 이런 몸 테크닉들이 사회적으로 전승되고 개개인의 심리적 성격과 생리적 조건에 따라 재생된다는 점을 구체적 사례를 통해 상세히 밝힌다.

몸 테크닉은 도구를 매개로 몸과 기술이라는 두 실체가 결합하는 양상을 지칭하는 개념이 아니다. 인간의 몸은 그 자체가 세계에 대한 온갖 행위를 가능하게 해주는 도구이기 때문이다. 즉, "몸이야말로 인간의 최초이자 가장 자연스러운 도구"(87쪽)이다. 따라서 몸 테크닉이 효력을 지니는 원인은 이런저런 도구의 특성보다는 인간 자신에게서 찾아야 한다. 하지만 몸이 도구처럼 쓰인다고 해서 몸을 정신의 매개체이자 보조물로 여겨서는 안 된다. 모스는 인간의 정신과 신체를 대립시키는 이원론에 일절 가담하지 않는다. "몸은 하나의 전체로서 사회학이 탐구해야 할 개인을 지칭하는 가장 적합한 용어이다. (…) 우리는 몸을 가지고 있는 존재가 아니라, 몸이 바로 우리 자신이라고 말해야 한다."[8]

몸 테크닉의 발견

모스는 몸 테크닉 개념을 구상하게 된 것이 순전히 우연한 관찰 덕분이었다고 말한다.

뉴욕에서 병에 걸렸을 때의 일입니다. 간호사들이 걷는 모습을 보다가 예전에도 저렇게 걷는 젊은 여성들을 어디선가 본 적이 있었다는 생각이 들었지요. 곰곰이 떠올려보다가 마침내 그곳이 영화관이었음을 알게 되었습니다. 프랑스에 돌아와서도, 특히 파리에서 그런 걸음걸이가 자주 눈에 띄었습니다. 프랑스 사람인데도 젊은 여성들은 그렇게 걸었습니다. 사실 영화 덕분에 미국의 걷는 방식이 이곳에 들어오기 시작했던 것이지요.(79쪽)

젊은 여성들 사이에 퍼진 새로운 걷기 방식을 관찰하면서 모스는 몸 테크닉의 특성이 "순전히 심리적이며 개인적인 메커니

---

8   David Le Breton, "Préface: Aux sources de la sociologie du corps," in Marcel Mauss, *Les techniques du corps,* Payot & Rivages, 2021, p. 17.

즘"이 아니라 "사회적으로 형성된 특이성"(79쪽)에 있음을 간파한다. 몸 테크닉은 사회의 작품이다. 하지만 사회가 개인의 몸에 행사하는 영향력은 총체적 관점에서 접근해야 한다. 이 새로운 걸음걸이는 미국 영화의 확산을 배경으로 개개인의 '의도적 모방'을 통해 이룬 몸동작이다. 그러므로 모스가 말하는 "사회적으로 형성된 특이성"은 기술적 매체인 영화와 집단적이고 개인적인 모방 심리, 걷기라는 생리적 기능의 결합에서 생산되어 표출되는 특이성으로 이해해야 한다.

몸 테크닉이 특정 상황이나 목적에 부합하는 효과를 생산해낼 수 있는 것은 인간이 사회적-심리적-생리적 복합체로 존재하기 때문이다. 대체로 몸 테크닉은 사회적으로 승인된 신체 규범을 참조하며, 어떤 환경에서는 특정한 지적 능력과 심리적 태도를 요구하기도 한다. 따라서 몸 테크닉은 순전히 신체 혹은 정신만의 활동이 아니라 "집단적이고 개별적인 실천 이성의 활동"(81쪽)이라고 할 수 있다. 모스는 강연 도중 청중들에게 각자 자신의 자세를 관찰해보라고 요구한다.

지금 이 자리에 있는 우리 자신을 돌아봅시다. 우리 안에서 모든 것이 통제되고 있습니다. 나는 강연자로서 여러분과 함께 있습니다. 여러분은 내가 앉은 자세와 내 목소리를 통해 강연자를 바라보며, 내 강연을 앉은 자세로 조용히 듣고 있습니다. 우리는 허용되거나 허용되지 않는 태도, 자연적이거나 자연적이지 않은 태도를 모두 취합니다.(88쪽)

모스는 우리 밖에 있는 규범이 우리를 통제하는 것이 아니라, "우리 안에서 모든 것이 통제되고" 있다고 말한다. 강연장이라는 사회적 공간은 하나의 신체 규범이 모든 이에게 행사하는 외적 강압으로 조성되지 않는다. 강연장의 분위기는 개인마다 상이하게 드러나는 몸 테크닉들의 성공적 조율과 상호 인준을 통해서만 완성된다. 여기서 각자는 소위 '올바른 자세'에 관한 상징적 질서를 의식하고 그것을 자기 고유의 심리적-생리적 메커니즘의 조건에 따라 구체화한다. 그것이 바로 개인 '내부에서' 모든 것이 통제되어 드러나는 신체 자세이다.

개인적으로 기록해둔 사실들을 바탕으로 모스는 몸 테크닉을 사회학, 민족학, 심리학, 동물학 등의 관점에서 교차 탐색함으로써, 이 주제에 대한 다차원적 상상력을 발휘하게끔 유도한다. 다른 강연에서와 마찬가지로 「몸 테크닉」에서도 총체적 관점이 강조된다. 모스는 "해부학적 · 생리학적 이론처럼 기계적이고 물리적이기만 한 고찰이나, 반대로 심리학적 혹은 사회학적일 뿐이기만 한 고찰 대신 [생리학과 심리학, 사회학으로 이루어진] 삼중의 고찰이 이루어지지 않으면, 달리기와 수영 등 모든 사실에 관한 명료한 관점을 가질 수 없"(81~82쪽)다고 주장한다. 바로 이 삼중의 관점에서 모스는 몸 테크닉의 사회학적 의의를 명료하게 제시할 수 있었고, 사회적인 것과 개인적인 것의 접점에 관한 새로운 탐색을 시도할 수 있었다.

2. 몸 테크닉 교육과 사회적 차이의 재생산

「몸 테크닉」은 평범한 사람들이 살아가는 방식을 가장 세밀한 지점에서 포착하고 기술하려는 민족학적 관심사가 구현된 텍스트이다. 이 강연문에서 모스는 두 가지 유형으로 신체 기법을 분류한다. 첫 번째는 성별과 연령, 효율, 교육의 측면에서 분류하는 것이며, 두 번째는 한 개인의 평범한 삶을 전기적으로(유아기에서부터 성년기에 이르는) 재구성해 분류하는 것이다. 특별히 모스는 성년기의 몸 테크닉을 수면, 휴식, 활동, 몸 관리, 소비, 성(性) 테크닉 등으로 세분화해 고찰한다. 강연을 마무리하면서 그는 도교의 호흡법과 동양의 요가, 신비적 상태에 이르는 종교적·주술적 기법을 비롯해 신과 소통하게 해주는 다양한 몸 테크닉을 언급한다.

몸 테크닉은 개인이 처하게 되는 수많은 상황마다 끝없이 미세하게 조정해야 할 몸짓, 자세, 감각 등으로 구성된다. 우리는 몸 테크닉에 기대어 평범한 일상생활을 구축하며, 몸을 통해 확보되는 개인 정체성과 외부 지향성이 근본적으로 뒤바뀌지 않는 한 몸 테크닉을 거의 매번 자연스러운 것으로 인식한다. 따라서 몸 테크닉의 가장 중요한 효력은 극히 평범한 몸동작을 통해 인간과 세계의 관계를 당연시하도록 만드는 데 있다. "예를 들어 걷는 행위의 경우, 일단 외부 환경에 신체의 감각 운동 도식이 통합되면 개인은 맨발이나 신발 혹은 슬리퍼를 신었는지에 따라 그리고 걷는 지면의 특성(눈, 얼음, 진흙, 모래 등)에 따라 변화하는 환경에 거의 반사적으로 자기 몸을 적응시킨다. 이런 테크닉은 일상생활에 자연스럽게 녹아 있기에 그때마다 올바른 방법이 무엇인지 되물을 필요는 없다."[9] 전통적으로 습득된 테크닉의 한계를 뛰어넘는 몸 기법을 학습할 때, 장시간의 숙달이 필요한 특별한 도구 사용법을 익혀야 할 때 혹은 사고 후 재활 과정이 필요할 때를 제외하면, 개인은 항상 비성찰적으로 몸 테크닉을 사용한다. 인간은 말 그대로 몸 테크닉에 흠뻑 적셔 있는 존재다.

더 일반적인 관점에서 인간이 세계와 관계를 맺기 위해서는 다양한 도구와 접합하는 몸 테크닉이 필요하다. 예를 들면, 식사할 때 앉는 방법(좌식과 입식), 식탁과 몸의 간격, 식탁 위의 손의 위치, 수

---

9   위의 책. p. 18.

저나 젓가락 혹은 포크와 나이프의 사용법, 고기를 자르거나 생선을 바르는 도구를 다루는 법, 음식을 입에 넣거나 마시는 방법 등 효력을 갖춘 코드화된 일련의 몸동작이 필요하다. 이런 맥락에서 몸 테크닉은 특정 도구에 접목된 몸을 지시하는 개념으로 확장될 수 있다. 이때는 도구의 형태 자체가 몸 테크닉의 일부가 되어버린다. 모스는 영국군과 프랑스군의 몸 테크닉 차이가 그들이 사용했던 삽의 차이로 연장된다는 점을 간파한다. 모스가 주목한 의자, 벤치, 팔걸이, 담요, 이불, 해먹, 융단, 돗자리, 가죽 신발, 하이힐 등은 그저 몸 밖의 물건이 아니라, 인간과 세계 사이의 내재적 동학을 다양한 몸 테크닉의 차원에서 해명해주는 사물로 봐야 한다.

이러한 몸 테크닉은 대체로 교육을 통해 습득되는데, 이 교육은 '중요한 타자'의 몸 테크닉을 모델로 삼아 이루어지는 의식적 모방 학습의 형태를 취한다. 몸 테크닉의 습득은 사실상 평생 계속되며, 새로운 도구와 기술의 출현에 맞춰 촉진되기도 한다. 운전은 매우 복잡한 몸 테크닉들의 조합을 요구한다. 운전을 하는 몸은 차내의 계기판과 각종 장치는 물론 대도시의 육박하는 이미지의 쇄도에 맞서 시선을 조정하는 테크닉도 적극적으로 사용해야 한다. 디지털 기기를 쓰기 위해 동원되는 몸 테크닉은 매우 단순해 보이지만 무시할 수 없는 문화적 영향력을 도처에서 생산한다. 두 손가락만으로 화면의 특정 부분을 늘이거나 줄이는 기술이나 양쪽 엄지손가락만으로 문자를 입력하는 기술 등을 보건대, 오늘날 스마트폰과 같은 기기의 사용에 적합하도록 몸 테크닉을 익힌 아이들에게 책을 넘기는 동작뿐 아니라 활자를 눈으로 따라가는 동작이 얼마나 힘든지 쉽게 예상해 볼 수 있다. 디지털격차와 문해력을 둘러싸고 벌어지는 숱한 논쟁의 심층에는 지적 차원의 문제로 환원되지 않는 몸 기법의 문제, 즉 '손가락 테크닉'의 문제가 숨어 있는지도 모른다.

하지만 몸 테크닉의 습득은 중립적이고 보편적인 방식으로 이루어지지 않는다. 몸 테크닉은 환경에 대한 신체의 단순한 기계적 적응이 아니라 몸에 새겨진 능력을 표현하고 재생산하는 기술로 해석된다. 이 능력에는 성, 나이, 계급, 지위, 세대 등과 연관된 사회적 차별성이 자연스럽게 기입된다. 가령 모스는 남녀 간 몸 테크닉의 차이에 관해 다음과 같이 언급한다.

주먹 쥐는 법을 예로 들어보겠습니다. 남성은 보통 엄지손가락을 밖으로 빼고 주먹을 쥐지만, 여성은 엄지손가락을 안으로 집어넣고 주먹을 쥡니다. 아마도 여성은 그렇게 배우지 않았기 때문이겠지만, 설령 배웠더라도 남성처럼 주먹을 쥐기는 분명 어려울 것입니다. 여성은 주먹을 쥐는 힘과 주먹을 날리는 힘이 약하지요. 여성이 돌을 던질 때는 멀리 못 나갈 뿐 아니라 남자가 던지는 자세와 항상 다르다는 것도 누구나 아는 사실입니다. 여성은 수평이 아니라 위에서 아래로 던집니다. 아마도 이는 양성 간 서로 다른 두 가지 교육의 사례로 보입니다.(90쪽)

모스의 이 언급은 여성학자 아이리스 메리언 영(Iris Marion Young)의 「여자아이처럼 던지기」라는 유명한 논고를 상기시킨다.[10] 영은 여성의 던지기 능력에 가해진 한계가 학습된 젠더 규범에 기인한다고 주장한다. 이는 여성이 자기 몸이 원하는 의도를 실현할 때 겪는 문화적 제약과 연관되는 문제이다. '여자아이처럼 던지는' 운동성은 여성의 본성이 만든 자연적 결과가 아니라, 사회가 여성 규범으로 제시한 몸의 '억제된 의도성'에 따른 결과이며, 이런 점에서 몸 테크닉은 한 사회의 모든 주체가 같은 방식으로 접근할 수 있고 동등하게 익힐 수 있는 신비로운 공동 자산으로 볼 수는 없다. 따라서 몸 테크닉의 사회학적 의미 중 하나는 그것이 사회적 차별을 생산하고 정당화하는 억압적 담론의 산물이라는 점에서 찾아야 한다.

10 Yonng, I. M., "Throwing like a girl: A phenomenology of feminine body comportment motility and spatiality," *Human Studies*, 3(1), pp. 137~156.

3. 몸 테크닉과 하비투스

「몸 테크닉」은 인간의 신체적 존재 방식, 몸에 부과되는 사회의 규범과 질서, 사회적인 것의 생물학적 전환, 몸의 표면과 심층에 새겨진 습성 등을 연구하기 위한 필수적 텍스트임에도 불구하고, 몸에 관해 사회학적으로 언급할 때 우리는 더 이상 모스의 언어로 말하지 않는다. 그 대신 '하비투스(habitus)' 같은 부르디외의 용어가 오늘날 신체의 사회학을 주도하는 개념으로 확고히 자리매김했다.

물론 부르디외의 하비투스가 학계에서 거둔 성공을 몸 테크닉 개념의 연장선상에서 논할 수는 없다. 하비투스는 몸 테크닉 개념만으로 포착할 수 없는 막대한 폭과 깊이를 지닌 사회적 현실, 즉 '사회적 재생산의 실제 논리'를 파악하기 위해 고안된 개념이기 때문이다. 모스는 사람들이 기대하는 목표를 향한 의지와 희망의 차원을 몸 테크닉 개념에 부분적으로 부여했지만, 부르디외는 그런 미래의 차원을 설정하지 않고도 실천의 논리를 규명할 수 있는 개념으로 하비투스를 제시한다. 하비투스는 미래에 대한 실천적인 준거를 이미 포함하고 있는 과거의 산물[11]로서 행위자들은 그

---

11   피에르 부르디외 · 로익 바캉, 『성찰적 사회학으로의 초대』, 이상길 역, 그린비, 2015, 235쪽.

들의 하비투스가 지각하도록 이끄는 미래를 지각하고, 이 하비투스를 가지고 각자 속한 장이 구조화한 지각과 평가의 도식을 실천으로 전환한다. 이처럼 부르디외의 하비투스는 모스의 몸 테크닉만으로는 접근할 수 없는 실천 논리를 정교하게 해명해준다.

하지만 몸 테크닉과 아비투스는 지속적이고 동시적인 상호 참조의 개념으로 삼을 필요가 있다. 어느 한 개념으로 포착할 수 없는 사회적 현실을 다른 개념으로 인식할 수 있기 때문이다. 두 개념이 서로 다른 탐구 영역을 지시하는 보충적 관계를 맺는 것으로 파악하기 위해서는, 무엇보다도 두 개념의 차이에 대한 고찰이 필수적이다.

먼저 의식적 모방 학습의 결과로서 몸 테크닉과 사회구조의 무의식적 체화로서 하비투스의 차이점을 논할 수 있다. 부르디외는 사회질서가 신체에 각인되고 실천 속에서 다시 활성화되는 과정이 무반성적으로 이루어진다는 것을 강조하면서, 하비투스의 형성은 의식적 혹은 의도적 모방과 무관하다고 주장한다. 즉 하비투스의 "습득 과정, 실천적 미메시스(mimesis, 혹은 흉내내기 mimétisme)는 총체적인 동일시 관계를 함축하는 따라 하기다. 이는 명시적으로 모델이 되는 행위, 말, 대상을 재생산하려는 의식적인 노력을 전제하는 모방과는 아무런 관계가 없다."[12] 부르디외에게 하비투스는 지속적인 성향 체계로서 한 개인의 여러 실천에 존재하는 모종의 통일성과 응집성을 지시한다. 반면 모스의 몸 테크닉은 하비투스처럼 견고하고 안정된 행위 도식이 아니라, 느슨하고 덜 체계적이고 덜 일관된 몸동작을 가리키는 개념이다. 모스는 무의식적으로 습득되는 몸 테크닉 이외에도 개인의 의도적이고 의식적인 모방 학습으로 획득되는 몸 테크닉까지 눈여겨 관찰한다. 그는 특히 "권위를 통한 모방", 즉 "어린아이나 어른이나 성공한 행위, 자신이 신뢰하고 자신에 대해 권위를 가진 사람이 성공적으로 수행한 행위를 모방"(82쪽)하면서 익히는 몸 테크닉 사례에 주목한다. 멜라네시아의 젊은 여성이 익혀야 하는 걸음걸이처럼 특정 목적을 위해 의도적으로 취해야 할 동작은 대개 공들인 모방을 통해 학습된다. 다른 한편, 모스는 침을 뱉을 줄 몰랐던 한 여자아이가 작은 보상만으로 금세 침 뱉는 법을 배우게 된 사례도 언급한다. 이런 사례들은 특정 목적을 위해 구축되고 변형되는 몸 테크닉과 지속적 성향으로 체계화되는 하비투스를 엄밀히 구분해서 그 유효성의 차이를 논해야 함을 알려 준다.

　　몸 테크닉과 하비투스의 또 다른 차이점은 두 개념이 지시하

12　위의 책, 529쪽.

는 사회적인 것의 실재와 연관된다. 부르디외는 그의 초기 연구에 속하는 『독신자들의 무도회(Le bal des célibatires)』에서 도시 여성들의 눈에 결혼 상대로 부적절하게 비치는 독신자 농민들의 부적절한 처신과 태도를 상세하게 다룬 바 있다. 그런데 그 책에서 묘사된 농민들의 서투른 신체 기법은 몸 테크닉에 대한 체계적인 분석이 아니라 도시/농촌의 대립을 생산하는 문화 체계에서 비롯된 합법적/비합법적 신체 이미지에 대한 분석에 가깝다.[13] 이러한 분석은 "문화 체계로부터 개별 행위들을 연역함으로써 몸 테크닉의 의미를 표준화된 문화적 퍼포먼스로 환원"[14]시킨다. 물론 부르디외는 하비투스를 문화 체계의 단순한 반영이 아니라 실천 전략의 관점에서 해석한다. 하지만 하비투스가 객관적 구조의 산물이라는 측면에서, 몸 테크닉 개념과는 달리 인간 신체의 다양한 가능성에 대한 탐구를 다소 위축시킬 가능성이 있다는 점은 부인할 수 없는 사실로 보인다.

---

13 Pierre Bourdieu, *Le Bal des célibataires. Crise de la société paysanne en Béarn*, Seuil: Point Essais, 2002, p. 116.

14 Jean-Marc Leveratto (2010), "The 《techniques du corps》 by Marcel Mauss," American Culture, Everyday Life and French Theory. In *Transatlantic Voyages and Sociology: The Migration and Develpment of Ideas*, ed. Cherry Schrecker, Routledge. pp. 83~96.

모스의 몸 테크닉보다 부르디외의 하비투스가 보다 이론적이고 정교한 개념임에는 틀림없지만, 인간의 신체에 관한 사회학적 탐색이 항상 계급적 차이와 장의 논리, 혹은 자본의 이러저러한 특성을 통해서만 구축되어야 하는 것은 아니다. 우리는 계급적 구별, 장의 구조, 자본의 불균등한 분포를 가로지르고 뛰어넘는 다양한 몸 테크닉도 얼마든지 관찰할 수 있다. 따라서 몸 테크닉은 심층적 하비투스의 가시화된 일부 몸동작이 아니라 하비투스의 시야로 포착할 수 없는 사회적 현실을 가리키는 별도의 개념으로 볼 필요가 있다.

모스가 분류한 몸 테크닉 목록에는 자기 사회의 관습과 신앙에 단단히 뿌리박고 있는 작은 몸동작부터 위대한 종교적 체계들의 성스럽고 신비로운 신체 기법에 이르기까지, 매우 다양한 문화적 몸의 형상과 기능이 포함되어 있다. 물론 그 목록이 얼마나 정확한지 그리고 문명권마다 상이한 관습과 예법 등을 제대로 포괄하고 있는지는 검토해 볼 필요가 있다. 그러나 모스가 목표로 삼은 것은 몸 테크닉에 관한 정확하고 철저한 연구 프로그램을 완결짓는 것이 아니었다. 모스는 닫힌 개념이 아니라 열린 개념, 즉 발견에 도움을 주는 개념으로 몸 테크닉을 제시한다. 몸 테크닉의 연구 가치는 바로 이 발견적 유효성에 놓여 있는바, 인간의 일견 보잘것없어 보이는 세부적 몸동작에 어떤 사회적 의미가 개입되어 있는지 알아보기 위해서는 신체 기법과 관련된 구체적 사실들을 놓쳐서는 안 될 것이다.

모스는 뒤르켐 사회학의 전통 내에서 총체적 인간이라는 풍요로운 분석 대상을 제안했고, 구체적 현실을 살아가는 인간을 구성하는 사회적-심리적-생리적 요소들이 얼마나 서로 얽혀 있고 서로에게 간섭하고 침투하는지 보여주었다. 총체적 인간은 낙후한 사회를 살아갔던 과거의 인간, 답보상태의 문화 체계를 고집하는 인간, 혹은 사회적 격변의 시기에만 관찰할 수 있는 불안정한 인간이 아니다. 인간의 총체성을 볼 수 없는 사회는 그 어디에도 없다. 인간은 순전히 개인적인 준거만으로 살아갈 수는 없다. 독특한 개인성을 찬양하는 문화 속에서도 우리는 평균적 개인들, 즉 보통 사람의 구체적 사고와 행위, 감각이 한 사회에 얼마나 깊숙이 포진해 있는지 어렵지 않게 관찰할 수 있다.

모스는 여러 인간과학의 경계를 자유롭게 넘나들면서 당시 사회학의 고립 상황을 극복하려고 했다. 그는 인간에 관한 어떠한 지식도 자의적으로 제한하지 않았고, 전체적으로든 부분적으로든 하나하나의 구체적 사례에 접근해 총체적 인간이 구축되고 표현되는 방식을 세밀하게 파악하고자 했다. 여기에 소개된 모스의 강연문은 항상 외부의 성과를 참조하면서 자신의 분석을 수정하려고 했던 한 사회학자의 고되고 열정적인 연구 태도를 보여준다. 그의 총체적 인간 개념이 당대에 풍부한 결실을 맺었다고는 말할 수 없다.[15] 그의 강연문에 등장하는 개념들(활력, 본능, 강박관념, 리듬, 기대 등)은 당시의 지적 배경에 너무 뿌리박혀 시대에 뒤떨어진 것처럼 보인다. 하지만 그의 통찰은 현대 사회학과 인류학이 계속 파헤쳐야 할 중대한 의미를 담고 있다. 그가 남긴 총체적 인간 개념에 함축된 사회학적 전망은 우리 앞에 계속 열려 있다. 거기서 우리는 이익, 권력, 욕망 등 어느 하나의 개념만으로 인간의 전체를 사유할 수 있다는 태도에 맞서게 될 구체적 사유의 보고(寶庫)를 발견할 수 있을 것이다.

---

15   모스의 총체적 인간 개념에 대한 학문적 영향력 및 결산에 관해서는 Jean-Christophe Marcel, *Le durkheimisme dans l'entre-deux-guerres*, PUF, pp. 21~83을 참조할 수 있다.

마르셀 모스 연보

1872   5월 10일 프랑스 보쥬 지방의 에피날에서 유대인 집안
의 첫째 아이로 태어나다. 모친 로진느(Rosine)는 프랑
스 사회학의 창시자 에밀 뒤르켐의 친누나이다.

1890   뒤르켐이 교수직을 맡고 있던 보르도 대학에 진학해 철
학 교육을 받으면서 심리학과 사회학에 관심을 갖다.
알프레드 에스피나와 옥타브 아믈랭으로부터 깊은 학
문적 영향을 받다. 사회주의 학생들의 모임에 참석하면
서 프랑스 노동당에 가입하다.

1893~4   파리에서 철학 교수 자격시험을 준비하다.

1895   철학 교수 자격시험에 합격하다. 고등실습연구원(École
pratique des hautes études)에서 역사학, 문헌학, 종교
학 강의를 수강하다. 미완성 논문으로 남게 될 「기도」에
착수하면서 인도 종교학의 권위자 실뱅 레비와 언어학

자 앙투안 메이예를 만나다.

1896   뒤르켐이 창간한 『사회학 연보』의 종교사회학 분야를
담당하다. 평생의 학문적 동지가 될 앙리 위베르를 만
나다.

1897~98   교수 자격시험 합격자를 위한 해외 연수 자격으로 네덜
란드에 체류하다. 라이덴에서 『사회학 연보』 1권을 위
한 보고서를 작성하면서 힌두교의 수트라 번역에 매달
리다. 이후 영국에 체류하면서 에드워드 타일러, 제임스
프레이저와 교류하다. 파리로 돌아온 후 고등사범학교
도서관 사서이자 전투적 사회주의자였던 뤼시엥 에르
를 만나 학문적 · 정치적으로 큰 영향을 받다.

1899   『사회학 연보』 2권에 「희생제의의 본질과 기능에 관한
시론」(앙리 위베르와 공저)을 발표해 학계에 큰 논쟁을
일으키다. 뒤르켐은 「종교현상의 정의」를 발표하면서
모스와 위베르의 관점을 옹호하다.

1900~01   고등실습연구원에서 임시 강사직을 얻어 인도 종교와
힌두교 철학을 강의하다. 1900년 3월 소규모 사회주의
협동조합을 창립하고 같은 해 7월 파리에서 열린 사회

주의 협동조합 국제총회에 대한 보고서를 작성하다. 이후 조레스와 함께 사회주의와 협동조합주의의 조화를 실현하기 위한 협동조합 중앙위원회 공식 회의에 참석하다. 고등실습연구원에서 '비문명화된 민족들의 종교' 강의를 담당하는 교수로 임용되어 1914년까지 기도, 주술, 종교적·사법적·경제적 급부, 계약과 교환의 원시 형태 등에 관해 강의하다. 폴 포코네와 함께 대백과사전의 「사회학」 항목을 집필하다.

1903   『사회학 연보』 6권에 뒤르켐과 함께 『분류의 원시적 형태들, 집단표상 연구를 위한 기고』를 발표하다.

1904   『사회학 연보』 7권에 앙리 위베르와 함께 「주술의 일반 이론 개요」를, 『고등실습연구원 연보』에 「오스트레일리아 사회에서 주술적 힘의 기원」을 발표하다. 조레스가 대표를 맡고 있었던 『뤼마니떼 L'Humanité』지의 협동조합란을 책임지다.

1906   『사회학 연보』 9권에 앙리 뵈샤(Henri Beuchat)와 함께 「에스키모 사회의 계절적 변이에 관한 시론, 사회형태학 연구」를 발표하다. 러시아를 방문해 보름간 민족지학 연구를 수행하다.

1908	로베르 에르츠가 조직한 사회주의 연구 모임에 참석하면서 페이비언 사회주의에 관심을 갖다.
1909	앙리 위베르와 함께 『종교사 논문집』을 출간한 이후 기도에 대한 연구에 몰두하다.
1911	『실뱅 레비에게 헌정된 인도학 논문집』에 「안나 비라지 Anna-Virâj」를 발표하다.
1912	영국과 벨기에, 독일에 체류하면서 각 국가의 민족지학 관련 제도와 오스트레일리아 부족에 관한 자료를 연구하다.
1914	1차 세계대전이 발발하다. 7월 장 조레스가 저녁 식사 도중 암살당하다. 8월 프랑스에 총동원령이 내려지자 자원입대해 영국군 통역병으로 1919년까지 근무하다.
1915	막심 다비드(1914년 전사), 앙투안 비앙코니, 장 레이니, 로베르 에르츠 등 뒤르켐 학파의 젊은 학자 다수가 전사하다. 같은 해 겨울 뒤르켐의 아들 앙드레가 전쟁에서 입은 부상으로 사망하다.
1917	에밀 뒤르켐이 59세의 일기로 파리에서 타계하다.

1920 　　고등실습연구원에서 비문명화된 민족들의 종교에 대한
　　　　　강좌를 다시 개설하면서 뒤르켐의 미출간 원고들을 정
　　　　　리해 발표하다. 포틀래치를 주제로 강의를 시작하다.

1921 　　『그리스 연구 논집』에 「트라키아인에게 계약의 태고 형
　　　　　태」를, 프랑스 심리학회에서 「감정 표현의 의무」를 발
　　　　　표하다.

1922 　　에르츠의 박사학위 논문 원고를 정리해 「미개사회에서
　　　　　의 죄와 속죄」라는 제목으로 『종교사 논집』에 발표하
　　　　　다. 이후 1932~1936년 동안 콜레주 드 프랑스에서 「미
　　　　　개사회에서의 죄와 속죄」를 연속 강의하다.

1923 　　프랑스 심리학회 회장직을 맡다. 전쟁으로 중단된 『사
　　　　　회학 연보』를 재간행하기 위한 모임과 후원을 조직하
　　　　　다. 「폭력에 대한 성찰」을 발표하다.

1924 　　프랑스 심리학회에서 「심리학과 사회학의 실질적이고
　　　　　실천적인 관계」를 발표하다.
　　　　　재간행된 『사회학 연보』에 「증여론」을 발표하고, 같은
　　　　　해 11월 프랑스 심리학회에서 「집단이 암시하는 죽음
　　　　　관념이 개인에게 미치는 신체적 효과」를 발표하다. 「볼

셰비즘에 대한 사회학적 평가」를 발표하다.

1925   「선물, 독(Gift, Gift)」을 발표하고, 같은 해 12월 뤼시엥
        레비브륄, 폴 리베 등과 함께 파리 대학에 민족학 연구
        소를 창설하다. 「사회주의와 볼셰비즘」을 발표하다.

1926   록펠러 재단의 후원으로 미국 여행을 떠나 인류학 박물
        관과 여러 연구기관을 방문하다. 여행 중 프란츠 보아
        스, 브로니슬라브 말리노프스키, 에드워드 사피어, 로버
        트 파크, 존 듀이 등과 교류하다.

1927   평생의 학문적 동지였던 앙리 위베르가 타계하다.

1928   로베르 에르츠의 논문을 모아 『종교사회학과 민속학 논
        문집』을 출간하다.

1930   「문명, 요소와 형태」를 발표하다.

1931   콜레주 드 프랑스의 사회학 교수로 임용되다. 뒤르켐의
        시민윤리와 직업윤리에 관한 학설, 에르츠의 「미개사회
        에서의 죄와 속죄」, 게르만 법과 종교 등을 강의하다.

1932   「다분절사회의 사회통합」을 발표하다.

1934   프랑스 심리학회에서 「몸 테크닉」을 발표하다. 마르트
        뒤프레와 결혼하다.

1938   고등실습연구원의 종교학 분과 학장으로 선출되다. 코
        펜하겐에서 열린 '인류학과 민족학 국제총회'에 부회장
        자격으로 초청되어 「사회적 사실과 성격의 형성」이라
        는 발표문을 제출하다. 「인간 정신의 범주 : 사람과 자
        아의 개념」을 발표하다.

1939   2차 세계대전이 발발하다. 고등실습연구원의 교수직을
        사임하다.

1940   비시 정부의 대학 내 유대인의 근무 정지 조치로 콜레
        주 드 프랑스에 사표를 제출하다. 이후 장기간 학문적
        활동을 중지하고 칩거에 들어가다.

1950   2월 10일 77세의 일기로 파리에서 타계하다.

찾아보기

주요 인명

주요 개념어

몸 테크닉

주요 저작명